産学連携における
大学初年次キャリア教育

地元企業交流を通した自尊感情の醸成

新居田久美子
Niida Kumiko

神戸学院大学出版会

はじめに

初年次、低年次学生にキャリア教育がなぜ必要か

　「2050 年、18 歳人口（予測）は 79 万人、そのうち大学入学者は 49 万人」という将来推計が公表された（文部科学省 第 174 回中央教育審議会大学分科会、2023 年 7 月 14 日）。18 歳人口は、1992 年の 181 万人のピークを境に減少の一途をたどる。少子化には歯止めがかからず、2022 年の入学者を約 13 万人下回るらしい[1]。大学入学定員が現状を維持したままだとすると 8 割しか埋まらない計算だ。大学の淘汰加速はもう止められそうにない。大学教育の未来を具体的に戦略化することは、政府、教育機関、大学経営者だけでなく、もはや教員一人一人が考えねばならない局面なのではないか。つまり、大学としてプレゼンスを発揮するには、大学在学中に学生がどれだけ成長したか、経済成長に貢献する人的資本の強化にどれだけ自学教育が影響を及ぼしたか、という点が重要になるだろう。本書では、学生が卒業後でこそ組織の中で評価され、自己肯定し、エンパワーメント（empowerment：自らの意思決定により社会的に影響を与えうる力、役割）を高めていく素地を形成することに、「キャリア教育」が低年次からどのように関われるのか、その実践を記しながら「キャリア教育」の在り方をレビューしたい。

　まず、「キャリア」と聞いて、みなさんは何を思い浮かべるのだろうか。経歴、職務、特定の職位、仕事などが一般的だろう。では、「キャリア教育」とは？

　と聞かれるとどうだろう。おそらく、「夢の実現や仕事に就くための教育、職業体験の機会を与える教育」などといった回答になるのではないか。広義では間違いではないが、もしそれだけなら、専門職大学・大学院以外の最高学府において低年次生（1、2 年生）から施す必要などなおさら必要ないと思う人が一定数いらっしゃるのは当然のことだろう。よって、ここではまず「キャリア教育」の意義から誤解を解いていきたい。

　日本における「キャリア教育」というキーワード出現の歴史はまだ浅い。1999 年（平成 11 年）の中央教育審議会の「初等中等教育と高等教育との接続の改善について」の文部科学省答申以降から現在に至るまで、今や文部科

1　2022年の18歳人口は、112万人、入学者数は63万人(文部科学省)

学省、経済産業省、厚生労働省の三省および内閣府や関係団体などと連携を図りながら、日本の重要施策の一つと言えるまでになった。

　背景をさかのぼると、1980年代後半のバブル景気と当時の政権による規制緩和によって新規学卒者の「フリーター[2]肯定派（下村・白井・川崎ら、2008）」が広がっていた。高給のアルバイト求人が増え、学卒で正社員として就職せずとも生計を立てる事が可能だった時代だ。しかし、90年代初めのバブル崩壊を迎え、急速な経済低迷期に至った果ての求人倍率は1991年ごろをピークに急落に転じ、求人数よりも求職者数が上回るようになった。大卒生の就職率は7割前後にまで下落したことから「就職氷河期」と呼ばれるようになる。更に、労働省（現、厚生労働省）の調査では新規学卒者の就職後3年以内の離職率が32％に達したことが明らかになり、学校教育と職業生活との接続に課題があると判断した文部科学省は、前述の中教審に諮問し、学校と社会及び学校間の円滑な接続を図るためのキャリア教育（望ましい職業観・勤労観及び職業に関する知識や技能を身に付けさせるとともに、自己の個性を理解し、主体的に進路を選択する能力・態度を育てる教育）を小学校段階から発達段階に応じて実施する必要がある、との答申を提示し、小学校の教育活動として定義づけたことが転機と言えるだろう。

　そして、キャリア教育元年といわれる2004年以降、教育現場では、将来の夢・仕事の夢を抱かせるような職業観・勤労観の育成と促進がまことしやかに始まった。それ以来、「キャリア教育」はいまだ、進路指導や職業指導だけが主たる教育目標だと誤解されることが多い。大学では、就職活動にかかるガイダンスを行い、就職率の右肩上がりの向上を目指す教育サービスであると思われがちであることは、新型コロナウイルスが世界的パンデミックをひき起こすまでは、おおよそのキャリア教育を専門とする研究者は感じていたことだろう。価値観が一変した社会と共に、ようやく「ウィズ・コロナ」の扉が開き、今後は共存しながら「先行き不透明な時代をどのように生き抜くのか」の模索が始まった。さらに、ウクライナ侵攻などに伴う不安定な世

2　「フリー・アルバイター」の略。厚生労働省の定義では、15～34歳の若年者(学生及び主婦を除く)のうち、勤め先における呼称がアルバイト又はパートである者をさす。

界情勢や、対話型 AI 技術の目をみはるほどの進展など、未だ経験したことのない不確実で想定外の出来事が起こりうる未来を生きるのだ。だからこそ、児童生徒・若者一人ひとりの社会的・職業的自立に向けた力、そして情報収集と選択を繰り返しながら適応していく力を育成するキャリア教育の拡充がこれまで以上に必要であることが認識されたのではないだろうか。これからの社会は今までとは 180 度違ったルールによって営まれる可能性が現実味を帯びてきた。だからこそ、今、求められる「初年次教育」は、専攻分野の学問領域に留まらず、社会をいち早く知り、将来をコントロールするための広い視野を持ち、大学 4 年間の効果的な学修をマネジメントするために必要なのだ。それは、出口である卒業と、就職後の自分の生き方やワークエンゲージメント（仕事に対して活力・熱意・没頭している状態）の探索のために必要な知識の習得を、逆算しマネジメントさせることにつながりやすいからだ。

　キャリア教育の専門分野は多岐にわたる。教育学、社会学、心理学、経済学、経営学、教育工学にかかわらず学際的に関連し、その知見は組織・団体だけでなく市井に寄与する学問なのである。2023 年を迎え、ますます、これまでの常識は通じ難くなる。今の学生は「自分が納得いく本当にやりたい仕事をみつける」ことにこだわりをもち、安直に妥協しない。だからこそ、学生には、さらに正解がない、あるいは一つではない「問い」に挑み、探究し、意思決定していくプロセスを体験させねばならなくなったことを意味する。

　初年次教育とは、文部科学省の定義によると、高等学校から大学への円滑な移行を図り、大学での学問的・社会的な諸経験を"成功"させるべく、主として大学新入生を対象に作られた総合的教育プログラムとある。学問的・知的能力の発達だけでなく、人間関係の確立と維持、アイデンティティの発達、キャリアと人生設計、肉体的・精神的健康の保持、人生観の確立など、大学における教育上の目標と学生の個人的目標の両者の実現を目指したものなのだ。つまり、大学入学というライフイベントを迎えた一年次生こそ、早期に、専門学問領域とキャリア教育の両輪の育成を開始させることが、現代の大学教育の一翼を担うのではないだろうか。

　本書は、初年次教育とキャリア教育の実践の場として、2022 年度神戸学院大学と兵庫県中小企業家同友会の産学連携事業を活用し、一年次生 20 名

が主体的な活動を通し、メタ認知（高次の自己理解）を促せた経験学習プログラムの成果である。高等教育機関である大学等が、すべきことは何なのかを改めてみなさんと考えたく、キャリア教育の観点から人材育成について暗中模索ではあるが、筆者が取組んだ教育成果についてまとめさせて頂いた。本書が、産学連携を活かした具体的なキャリア教育の運用の一例としてお役に立てれば幸いである。

2023 年 9 月

新居田　久美子

目　次

第 1 章

キャリア教育と
近接する専門領域

キャリア教育の源流「職業指導（career guidance）」

　わが国のキャリア教育は、長らく「職業指導」「進路指導」と呼ばれていた。「職業指導」が最初に登場するのは、1915（大正 4）年、東京帝国大学教授の入澤宗壽が、著書『現今の教育』で、アメリカの「Vocational Guidance」を「職業指導」と翻訳して紹介したのが始まりである。

　時代は、19 世紀末から 20 世紀初頭、アメリカの鉱工業生産はすでに世界第一位であり、急激な工業化と経済成長によって世界を制する大国としての地位を確保していた。しかし、その結果様々な人間的、社会的ひずみをも同時にかかえることとなった。工場労働者、賃労働者の急激な増加、農村から都市への人口の急激な流入、移民労働者の大量な流入による多民族化、資本主義の高度化に伴う周期的恐慌、失業、貧困、都市のスラム化などの社会問題の発生がそれである。これらの諸問題に対処するために、初等教育の普及と充実、工業化社会への労働者の適切な配置、貧困や不平等の是正などの制度の確立と改善などの努力が社会的に求められた（木村、2012）。そんな中、「職業指導」に初めて理論的根拠を示したのが、労働者、そして弁護士でもあったアメリカ合衆国ボストンで市民サービスのパースンズ（Parsons, F.）である。社会改良主義にたった彼は長い間ボストンでセッツルメント活動にかかわる一方、労働保護立法化にも尽力していた。「単に仕事を見つけるだけでなく、職業を選択することが望ましい」と考え、博愛主義者ショウ（Show,Q,A.）女史らの援助を受け、ボストン、サーレム街の一角に職業局（Vocational Bureau of Boston）を開設した。そこで彼は実践と経験に基づく職業紹介・職業指導を行い、その内容を「職業の選択（Choosing a Vocation）」（1909）という著書にまとめた。その内容は「特性因子理論」として世界で初めて職業紹介・職業指導の理論として現在に至るまで有効な理論として定着している（木村、2017）。わが国において、入澤は、職業教育に、人格教育，公民教育をも抱合し職業教育まで発展させ，「堅実，勉強，忍耐，克己，犠牲の念」を養成することを唱えている（田口、2023）。また、職業を選ぶ際に指導を与えるものであり、単に職業の紹介をするだけでなく、自分の長所と世の中の職業とを教え、マッチングのために十分な時間を与える

ということを説明している。

　ここで、ほぼ同義であった「進路指導」が1961（昭和36）年に文部省により定義づけられ、名称は「職業指導」から「進路指導」へと変化していった。その背景には、高度経済成長や高等学校進学率の上昇があり、進路指導は就職や進学といった出口の部分に集中した教育活動に変質（三村、2008）したことが挙げられる。その後は、受験戦争の低年齢化や高等学校の偏差値偏重教育とまで言っていいほど突き進む（三村、2008）。そんな中、2003年、内閣府の『国民生活白書〜デフレと生活─若年フリーターの現在〜』が示した「フリーター417万人」、そして翌年の厚生労働省『労働経済白書』が示した「ニート52万人」いう数字は、衝撃を与える。今後の日本における経済成長だけでなく、産業構造や就業構造の変化にともなう学校教育の懸念の増大によって、その改善方策として、キャリア教育が注目されることとなったのである。

　今では、「職業指導」から「進路指導」、そして「キャリア教育」へ変遷を経て、キャリア教育、キャリア開発、職業ガイダンス、キャリア・カウンセリング、インターシップ教育といったことが盛んに強調され、そこに影響を与える要因などの研究成果は今や枚挙にいとまがない。このように、わが国はキャリア教育にあたる「職業指導」から名称や定義を変えながら、2011（平成23）年、中央教育審議会がキャリア教育を「一人一人の社会的・職業的自立に向け、必要な基盤となる能力や態度を育てることを通して、キャリア発達を促す教育」と改めて再定義し、今日に至っている。

わが国のキャリア教育の歴史

　ここからは、わが国の対応の歴史を、前述した木村の『わが国職業紹介・職業指導の系譜─その過去、現在、未来─』から引用し紹介する。

① 東京市本所若宮町　私立第一無料宿泊所（明治34年　1901）
② 同芝美土代町　キリスト教救世軍職業紹介所（同上）
③ 内務省「失業保護に関する施策要綱」（大正8年　1919）

④　大阪市少年職業相談所　設立（大正9年　1920）

⑤　東京市中央職業紹介所内に少年相談所　設立（同年）

⑥　職業紹介法　施行（大正10年　1921）

⑦　倉敷紡績労働科学研究所　設立（大正10年　1921）

⑧　労使協調会産業能率研究所　設立（大正12年　1923）

⑨　東京赤坂高等小学校など各地で職業指導の実践（大正12年　1923）

⑩　文部省、職業指導講習会　実施（大正11年　1922）

⑪　文部省「児童生徒ノ個性尊重及職業指導ニ関スル件」を訓令（昭和2年　1927）

　当時の上記のような我が国の動きを見ると、官民の職業紹介機関、学校、民間産業、文部・内務省の行政、学校教育現場で相当すばやくアメリカで起こった職業紹介・職業指導運動を受け入れていることに驚かされる。また、その内容の先進性は、あたかも今日の問題をとらえているとさえ言えるような気がするほどである。

　例えば、昭和2年11月25日付文部大臣訓令「児童生徒ノ個性尊重及ビ職業指導ニ関スル件」は、我が国学校教育における職業指導の位置づけを初めて明示した歴史に残る画期的な訓令であった。

　その中身には「学校では平素から児童生徒の個性の調査を行い、その環境をも考慮して、適切な教育を行って各人の長所を発揮させ、職業の選択等に関し懇切周到に指導することが必要である」と、今日の進路指導、キャリア教育のことを言っていると間違うばかりの内容である。

　また、東京市、大阪市が設置した職業相談所は、その後太平洋戦争中、戦後を通じて存続し、職業相談はもちろん、テストの開発など今日も活発な職業紹介・職業指導活動を行っている。

　また、民間産業研究に関しても、倉敷紡績労働科学研究所はその後（財）日本労働科学研究所として、労働生理・心理学、労働衛生学、社会科学の3部門の研究を行い今日に至っている。

　アメリカで発した職業紹介・職業指導運動を、我が国はいち早く取り入れ、戦前、戦中、戦後を通じて発展させてきたことに留意しなければならない。

このように、アメリカで端を発した職業紹介・職業指導運動だが、実は、日本でも明治後期からいち早く取り入れ、現在に至るまで学校、行政、産業界が発展させ続けてきたということは一般にはあまり知られていない。

キャリア教育（career education）とは

日本におけるキャリア教育の始まりは、1999（平成11）年の中央教育審議会答申「初等中等教育と高等教育との接続の改善について」（以下：接続答申）によって政策として進められ、「キャリア教育を小学校段階から発達段階に応じて実施する」、「家庭，地域と連携し，体験的な学習を重視する」、「学校ごとに目標を設定し，教育課程に位置付けて計画的に行う」などの必要性が盛り込まれスタートした。背景には、いじめ・不登校・校内暴力・中退などの教育現場や、卒業後の職業生活に対する未発達な労働観などが顕著になったことが挙げられる。この接続答申では、自分の個性を理解し、主体的にキャリアを決定していく姿勢を育むべく、「4領域8能力」が示された。これは、国立教育政策研究所生徒指導研究センターによる調査研究報告書『児童生徒の職業観・勤労観を育む教育の推進について（平成14年11月）』が提示したものであり「人間関係形成能力」「情報活用能力」「将来設計能力」「意思決定能力」の4つの領域と8つの下位能力「自他の理解能力，コミュニケーション能力」「情報収集・探索能力，職業理解能力」「役割把握・認識能力，計画実行能力」「選択能力，課題解決能力」）によって構成されていた（図1）。これらの能力が、学校におけるキャリア教育の基盤として活用された。しかし、そこに示されていたものは高等学校までぐらいでしかなく、社会で汎用できる能力として共通理解ができていないことや、学校現場では能力を固定的にとらえられているような実践が見られることなどが課題とされた。「キャリア教育元年」とされるきっかけとなったのは、2004（平成16）年『キャリア教育の推進に関する総合的調査研究協力者会議報告書～児童生徒一人一人の勤労観，職業観を育てるために～』である。特に、キャリア教育導入の初期段階として「学習プログラムの枠組み（例）」を手引書として提示したことで全国の学校において導入が進んだことが、元年と言われる理由の一つである。

「キャリア発達にかかわる諸能力」の登場は，わが国に competency-based の概念を持ち込んだ。時代としてはジェネリック・スキルの拡大期でもあり、2004（平成 16）年、「就職基礎能力」（厚生労働省）、2006（平成 18）年、「社会人基礎力」（通商産業省）、2008（平成 20）年、「学士力」（文部科学省）などの端緒となった（三村、2020）。

　その後、2005（平成 17）年には、「キャリア教育実践プロジェクト」として中学校における 5 日間程度の職場体験の取り組みが始まった。文部科学省・厚生労働省・経済産業省が連携し、子どもたちの勤労観、職業観を育てるための学習活動「キャリア教育実践プロジェクト」として「キャリア・スタート・ウィーク」を開始する。兵庫県が先陣を切った「トライ・やる・ウィーク」の不登校改善の効果により、キャリア教育に「職業体験」が全国的に中学校に位置付けられたきっかけとなった。

　その後、2008 年、アメリカ金融危機リーマンショックのあおりを受けた日本は急激な不況と経済格差が広がり、閉塞感が漂い始める。大学生の内定率（厚生労働省）は 2009 年 3 月卒 95.7%、2010 年 3 月卒 91.8% と顕著に下がり始め、2011 年 3 月卒の 91.0% でようやく底打ちした。さらにも増して、人材の育成は急務であると、経済界や国はキャリア教育に期待したのである。そんな中、2011 年の中央教育審議会答申「今後の学校教育におけるキャリア教育・職業教育の在り方について」（以下「在り方答申」）では、キャリア教育のあり方を再定義した。まず、「キャリア」をこのように定義した。

　人は，他者や社会とのかかわりの中で，職業人，家庭人，地域社会の一員等，様々な役割を担いながら生きている。これらの役割は，生涯という時間的な流れの中で変化しつつ積み重なり，つながっていくものである。また，このような役割の中には，所属する集団や組織から与えられたものや日常生活の中で特に意識せず習慣的に行っているものもあるが，人はこれらを含めた様々な役割の関係や価値を自ら判断し，取捨選択や創造を重ねながら取り組んでいる。

　人は，このような自分の役割を果たして活動すること，つまり「働くこと」を通して，人や社会にかかわることになり，そのかかわり方の違いが「自分らしい生き方」となっていくものである。

　このように，人が，生涯の中で様々な役割を果たす過程で，自らの役割の価値や自分と役割との関係を見いだしていく連なりや積み重ねが，「キャリア」の意味するところである。

　（中央教育審議会「今後の学校におけるキャリア教育・職業教育の在り方について（答申）」

（平成23年1月31日））

　「キャリア教育」については「一人一人の社会的・職業的自立に向け、必要な基盤となる能力や態度を育てることを通してキャリア発達を促す教育」であると定義し、特に学校から社会・職業への移行に必要な「基礎的・汎用的能力」の育成を強調した（図1）。この定義づけの理由を以下のように説明している。

　キャリア教育の必要性や意義の理解は，学校教育の中で高まってきており，実際の成果も 徐々に上がっている。

　しかしながら，「新しい教育活動を指すものではない」としてきたことにより，従来の教育 活動のままでよいと誤解されたり，「体験活動が重要」という側面のみをとらえて，職場体験 活動の実施をもってキャリア教育を行ったものとみなしたりする傾向が指摘されるなど，一人 一人の教員の受け止め方や実践の内容・水準には，ばらつきのあることも課題としてうかがえる。

　このような状況の背景には，キャリア教育のとらえ方が変化してきた経緯が十分に整理されてこな　かったことも一因となっていると考えられる。このため，今後，上述のようなキャリア教育の本来の理念に立ち返った理解を共有していくことが重要である。

　（中央教育審議会「今後の学校におけるキャリア教育・職業教育の在り方について（答申）」

（平成23年1月31日））

　つまり、キャリア教育と職業教育を並列させ、「キャリア発達にかかわる諸能力」に代わって「基礎的・汎用的能力」が新たに示された。

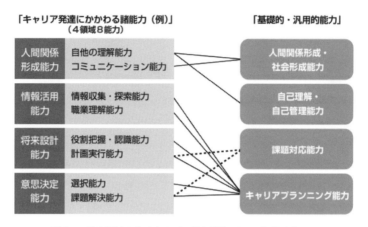

図1　「4領域8能力」から「基礎的・汎用的能力」へ
出典：小学校キャリア教育の手引き

　この移行は、キャリア教育における、職業的価値観の涵養から、社会生活に必要とされる幅広い能力の育成へのシフトを認めることができる。こうした変化は、移行概念をもつ教育活動が、具体的な選択目標となる職業そのものから離れ、それらに至る過程に重きをおいたと捉えることができる（三村、2020）。

2020年度改訂学習指導要領

　児童生徒・学生が学校で学ぶことは、社会と切り離されたものであってはならない。社会の変化を見据えて、これから生きていくために必要な資質・能力を踏まえ、「生きる力」を育むために、小学校（2020年全面実施）から高等学校（2022年全面実施）までの年次進行で改訂学習指導要領が実施された（幼稚園では2018年度、特別支援学校は、小・中・高等学校学習指導要領に合わせて実施）。これは、近年のグローバル化、スマートフォンの普及、ビッグデータや人工知能（AI）の活用などによる技術革新によって、更なる予測困難な時代の変化を前向きに受け止め、人間ならではの感性を働かせ、より豊かなものにしていくために必要な資質・能力の育成を目的としてい

る。キーワードは、「主体的・対話的で深い学び」だ。改訂学習指導要領では、教育課程全体や各教科などの学びを通じて「何ができるようになるのか」という観点から、「知識及び技能」「思考力・判断力・表現力など」「学びに向かう力、人間性など」の３つの柱からなる「資質・能力」を総合的にバランスよく育んでいくことを目指している。まさに、学んだことを社会や人生に生かそうとする「学びに向かう力、人間性など」を含めた「資質・能力」が強調された。

　主な改善事項は、●言語能力の確実な育成●理数教育の充実●伝統や文化に関する教育の充実●道徳教育の充実●外国語教育の充実●職業教育の充実、またその他の重要事項では、●初等中等教育の一貫した学びの充実、●主権者教育、消費者教育、防災・安全教育●情報教育●部活動●子供たちの発達の支援が挙げられた。この中で、「キャリア教育」について、社会的・職業的自立に向けて必要な基盤となる資質・能力を身に付けていくことができるよう、特別活動を要としつつ各教科・科目等の特質に応じて、キャリア教育の充実を図ることが明記されている。また、カリキュラム・マネジメントの一環として、指導と評価の一体化と改善のサイクルが明確化された。このように、社会に開かれた教育課程の実現が盛り込まれた改訂となった。

　なお、学習指導要領より先に2011年の大学設置基準が改正され、大学でのキャリア教育やキャリア形成・就職支援が義務化されることとなった「大学設置基準（文部科学省）」の記載箇所を示す。

　（社会的及び職業的自立を図るために必要な能力を培うための体制）

> 　第四十二条の二　大学は、当該大学及び学部等の教育上の目的に応じ、学生が卒業後自らの資質を向上させ、社会的及び職業的自立を図るために必要な能力を、教育課程の実施及び厚生補導を通じて培うことができるよう、大学内の組織間の有機的な連携を図り、適切な体制を整えるものとする。

引用：文部科学省「大学設置基準改正、2011」（p133）

　これにより、大学は学問を学ぶ場所にとどまらず、生涯を生き抜く能力も身につけるべき場所として位置づけられたのである。また、その内容は全国

一律とせず、大学の事情に合わせて設定するものとした。また、大学3年生終盤の3月から本格化するはずの就職活動のその半年以上前から始まる「インターンシップ」が定着してきたことにより、早期から自分のキャリアに関する意識を持たせる必要が出てきた。人生100年時代の到来と働き方の多様化により将来の目標を選べるようになったとも言える。まさに、社会的・職業的自立に向けて必要な基盤となる資質・能力を身に付けていくことができる環境と、個人の成長と発展をサポートするために重要なツールとなるキャリア・ガイダンス（社会的・職業的自立に関する指導等）が欠かせない。キャリア・ガイダンスでは、個々のニーズに合わせたアプローチが提供され、職業的な満足感や達成感を向上させる環境を、大学は整備していくことが求められているといえる。そして、2022（令和4）年、10月より新たに施行された大学設置基準では、①「学修者本位の教育」の実現の考え方を質保証システムへと繁栄させること　②必要な情報を社会に公表し社会との対話を進める「社会に開かれた質保証」を図ることの2点を改正の方向性とした。

　高度経済成長期は、入社した会社の指示に対して実直に忍耐で乗り越えていれば、そこそこ安泰な暮らしを維持できた時代であった。この不透明な時代において、定年期まで会社が安泰であるかは誰にもわからない。会社に頼るだけでなく、個人の責任で選び、自らの力と納得いく選択で学び直しをはかりキャリアを開発していく時代である。だからこそ、大学生にとって、キャリアについて社会に出る前に学べる機会は貴重であるのだ。「社会に開かれた質保証」を堅持する産学連携教育は最適ではないだろうか。

インターンシップ（internship）

　大学生等におけるインターンシップの取扱が、2022（令和5）年から変わったことを受けて、少しだけ触れておこう。1997（平成9）年に、文部省（現、文部科学省）、通商産業省（現、経済産業省）、労働省（現、厚生労働省）において、インターンシップのより一層の推進を図るため、インターンシップに関する共通した基本的認識や推進方策「インターンシップの推進に当たっ

ての基本的な考え方」を作成し、政府、大学等、産業界には、この「基本的な考え方」（平成26年一部改正）に沿って、インターンシップの普及・推進を図ってきた。特に、大学等におけるインターンシップとは、一般的には、学生が企業等において実習・研修的な就業体験をする制度のことを指し、「学生が在学中に自らの専攻、将来のキャリアに関連した就業体験を行うこと」として幅広くとらえている。また、インターンシップの意義は、学生を送り出す大学等、これを体験する学生、学生を受け入れる企業等にとって様々な意義を有するものとし、大学側においては、「キャリア教育・専門教育の充実と人材育成」を、学生側においては、「自主性・独創性を職業意識の育成」、企業側においては「産業界等のニーズの反映と企業理解の促進」など、それぞれが積極的に対応していくことが望まれると示した。これ以降、大学等の教育の一環として位置付けられるようになった中で、日本経済団体連合会（以後、経団連）と国公私立大学のトップは2019年1月、Society 5.0で活躍できる人材の育成にともに取り組むべく、産学が大学教育や産学連携、採用のあり方等について対話を行う場として「採用と大学教育の未来に関する産学協議会」（以後、「産学協議会」）を設置した。2020年度の検討結果では、中長期的な観点から新しいインターンシップの定義として、「学生が、その仕事に就く能力が自らに備わっているかどうか（自らがその仕事で通用するかどうか）を見極めることを目的に、自らの専攻を含む関心分野や将来のキャリアに関連した就業体験（企業の実務を体験すること）を行う活動（但し、学生の学修段階に応じて具体的内容は異なる）」と定義した。インターンシップの目的としては、あくまでキャリア教育であり企業がインターンシップで得た情報を採用活動に使うことは禁止されていた。しかし、現実では、多くの学生がインターンシップ参加から早期選考につながり、内定を得るという状態であったことは既成の事実であった。そこで、産学協議会はこの現状を追認する形で、2022年4月、学生のキャリア形成支援を産学協働で推進するとともに、就業体験を伴う質の高いインターンシップに改善していく観点から、学生のキャリア形成支援に係る4類型（タイプ1～4）に分けて、それぞれの特徴を明確にした。これにより、2025年卒対象学生の就職活動からルールを変え、タイプにそって、一定の条件を満たせばインターンシップ

III. 採用・インターンシップ　学生のキャリア形成支援における産学協働の取組み　各類型の特徴

(1) タイプ1～4はキャリア形成支援の取組みであって、採用活動ではない。学生は当初からの採用選考のためのエントリーが必要
(2) タイプ1～4から成る各学生のキャリア形成支援は、産学が協働しながら、それぞれを推進していくことが重要
(3) 今回、政府が定める現行の「就職日程ルール」を削除に検討
(4) インターンシップ（タイプ3・4）に参加できる学生数は、就活予定者の一部（入社就職先でのインターンシップ参加経験がなくても、採用選考へのエントリーは可能）
(5) タイプ3は、産学協議会が定める基準（下表の★）を満たす場合に「産学協議会基準に準拠したインターンシップ」と称する（準拠マークを付与可能）
(6) 各タイプの活動を通じて取得した学生情報を採用活動に活用することについて、「タイプ1・2は活用不可」「タイプ3・4は採用活動開始以降に限り活用可」

類型	取組みの性質	主な特徴
タイプ1：オープン・カンパニー　※オープン・キャンパスの企業・業界・仕事版	◆個社・業界の情報提供・PR	・主に、企業・就職情報会社や大学キャリアセンターが主催するイベント・説明会を想定 ・学生の参加期間（所要日数）は「超短期（単日）」。就業体験は「なし」 ・実施時期は、時間帯やオンラインの活用など学業両立に配慮し、「学士・修士・博士課程の全期間」 ・取得した学生情報の採用活動への活用は「不可」
タイプ2：キャリア教育	教育	・主に、企業がCSRとして実施するプログラムや、大学が主導する授業・産学協働プログラム（正課・正課外を問わない）を想定 ・実施時期は、「学士・修士・博士課程の全期間（年次不問）」。但し、企業主催の場合は、時間帯やオンラインの活用など、学業両立に配慮 ・取得した学生情報の採用活動への活用は「任意」
タイプ3：汎用的能力・専門活用型インターンシップ	◆就業体験 ◆自らの能力の見極め ◆評価材料の取得	・主に、企業単独、大学が企業あるいは地域コンソーシアムと連携して実施する、適性・汎用的能力ないしは専門性を重視したプログラムを想定 ・学生の参加期間（所要日数）について、汎用的能力活用型は短期（5日間以上）、専門活用型は長期（2週間以上）★ ・就業体験は「必ず行う（必須）」。学生の参加期間の半分を超える日数を職場で就業体験★（テレワークが常態化している場合は、テレワークを含む）★ ・実施時期は、「職場（オフィス又は研究所等）」。「学部3年・4年ないしは修士1年・2年の長期休暇期間（夏休み、冬休み、入試休み、春休み）」★（大学正課および博士課程は上記に限られない）★ ・無給が基本。但し、実態として社員と同じ業務・働き方となる場合は、有給も可★ ・就業体験を行うにあたり、労働関係法令の適用を受け、インターンシップ終了後にフィードバック★ ・募集要項等において、必要な情報開示を行う★ ・取得した学生情報の採用活動への活用は「採用活動開始以降に限り、可」
タイプ4（試行）：高度専門型インターンシップ　※試行結果を踏まえ、今後判断	◆就業体験 ◆実践力の向上 ◆評価材料の取得	・該当する「ジョブ型研究インターンシップ（本格導入・修士課程対象）」（2022年度からさらに検討）」「高度な専門性を重視した修士課程学生向けインターンシップ（必須）」は、大学と企業が連携して実施するプログラム ・就業体験は「必ず行う（必須）」 ・取得した学生情報の採用活動への活用は「採用活動開始以降に限り、可」

図2　採用・インターンシップ　各類型の特徴
出典：採用と大学教育の未来に関する産学協議会 2021年度報告書
「産学協働による自律的なキャリア形成の推進」―概要―
https://www.sangakukyogikai.org/_files/ugd/4b2861_37cefc2c48164be0813c23677497c239.pdf

で得た情報を採用に活用しても良いことにした。それが、「インターンシップ」の名前がついたタイプ3とタイプ4のプログラムのみである。タイプ3の「汎用的能力・専門活用型インターンシップ」は主に大学3、4年生と大学院生向け、タイプ4の「高度専門型インターンシップ」は大学院生向けのプログラムである。

さらに、2022年4月、産学協議会では、リカレント教育（学び直し）推進に向けた取組みや、学生のキャリア形成支援に係る4類型の周知・実践などに産学が連携して推進していく方針を「採用と大学教育の未来に関する産学協議会　2021年度報告書」、「産学協働による自律的なキャリア形成の推進」で報告した（図2）。

とはいえ、いまだ現実とそぐわないなど、問題を認識している政府は、今後も検討を続け、さらに弾力的な採用活動の在り方が認められていくようになっていくだろう。企業・団体の人手不足解消による経営力強化と学生の満願成就となる win-win（相互利益）の関係となることを願う。

このように、インターンシップは、大学教育活動の一環として認識されており、有効な手段として、学生が産業や社会についての実践的な知見を深められるこのような機会が推進されることとなった。インターンシップに参加する学生の目標設定や学習効果などを、キャリア教育から就職まで一貫して支援する体制の強化、インターンシップ活用の企業の積極的な関与が待たれる。詳しくは、以下のサイトをご確認頂きたい。

採用と大学教育の未来に関する産学協議会2021年度報告書「産学協働による自律的なキャリア形成の推進」
https://www.sangakukyogikai.org/_files/ugd/4b2861_80df016ea6fe4bc189a808a51bf444ed.pdf

初年次教育（first year experience）

何か新しいことを始める時、未知の環境に足を踏み入れる時、人は誰でも一定の緊張感は感じるだろう。しかし、適度な緊張やストレスは、集中力を高め、不安材料を減らそうと準備をしたりする。結果的に、成功率が上がり

奏功することが往々にしてある。つまり、適度のストレスは、順応していく意味でむしろ重要なのだ。そんな漠然とした緊張や不安だけでなく、第一志望校を落ちて不本意ながら入学してくる、あるいは期待に胸を膨らませる初年次学生（新入生）をも支援するプログラムが初年次教育プログラムである。初年次教育が急速な広がりをみせるきっかけとなったのが、「学士課程教育の構築にむけて（中央教育審議会答申、2008年）」である。つまり、初年次教育も、学士課程教育の一環として位置付けられた。文部科学省の定義は以下の通りである。

　高等学校から大学への円滑な移行を図り、大学での学問的・社会的な諸経験を"成功"させるべく、主として大学新入生を対象に作られた総合的教育プログラム。高等学校までに習得しておくべき基礎学力の補完を目的とする補習教育とは異なり、新入生に最初に提供されることが強く意識されたもので、1970年代にアメリカで始められ、国際的には「First Year Experience（初年次体験）」と呼ばれている。具体的内容としては、（大学における学習スキルも含めた）学問的・知的能力の発達、人間関係の確立と維持、アイデンティティの発達、キャリアと人生設計、肉体的・精神的健康の保持、人生観の確立など、大学における教育上の目標と学生の個人的目標の両者の実現を目指したものになっている。

　この初年次教育の広がりの背景を山田（2007）は、進学率が低い時代に大学へ進学してきた学生は、何らかの覚悟が必要であったろうが、現在ではそういう覚悟のないまま、むしろ自分探しをするモラトリアムの期間になっているのではと指摘した。また、教員と学生の学生文化に対する認識に大きなずれがあること、そして、大学教育改革に見られるように教育を重視する場へと変化してきたことなどをあげている。2022年春の大学進学率は、56.6％（前年度比1.7ポイント増）に上り、7年連続で過去最高（文部科学省、学校基本調査）を更新し、まさに大学大衆化時代となった。戦後から高度経済成長期までは、大学教育は一部の社会におけるエリートと言われる青年を対象にして行われてきたものが、大学進学率が高卒の生徒の約半分となり、大学教育も質的に変化せざるを得なくなってきている。このような実情に、その多様化そして大衆化と言われる問題の一端が現れている。端的に言うと、

「これまで通りにやっていればよい」という教育のあり方が、緩やかに変化していかざるを得なくなったのである。そのような中に、コロナ禍という急激な変化が降りかかってきた（小沢・重光・齋藤、2021）。2020年以降、流行期は第8波まで行動制限を繰り返し、教育機関は、コロナ禍への対応を余儀なくされてきた。が、ついに2023年5月5日、WHO＝世界保健機関は、新型コロナウイルスの感染拡大に対する緊急事態」の宣言の終了を発表し、我が国においても感染症法上の位置づけが「5類」に移行した。これにより、ポストコロナが幕を開け、対面授業の再開が本格化する。2020年1月からおよそ3年3か月にわたって出されていた緊急事態宣言の終了が決まり、非接触交流が新しい常識として育ってきた新入生が入学した年でもあった2023年4月。ますます、初年次教育において、高大接続と円滑な移行を丁寧にサポートする必要性が高まっている。

　文部科学省「令和2年の大学における教育内容等の改革状況について（概要）」では、直近の「初年次教育の取り組み状況」の具体的内容を示している。これによると、初年次教育を実施する大学は、令和2年度において、727大学（約97％）であり、そのうち、学部全体で実施している大学は718大学（約96％）となっており実施はすでに定着していることが窺える。また、「レポート・論文の書き方等の文章作法」、「プレゼンテーション等の口頭発表の技法」、「学問や大学教育全般に対する動機付け」、「論理的思考や問題発見・解決能力向上」は微増している。しかし、「将来の職業生活や進路選択に対する動機付け・方向付けのためのプログラム」では76.3％「社会の構成員としての自覚・責任感・倫理観育成のためのプログラム」は50.7％の実施率にとどまっており増えていない。学修生活に馴染ませることに加えて、健康や倫理に関する生活指導などの問題が山積な今、後回しになることはいたしかたないのかもしれない。ただ、だからこそ、将来を早めに見据え、そのイメージに向かって前倒ししながら今やるべきことを探究していく姿勢は、早めに修得したほうが良いと考える。日本のみならず、世界の社会経済環境が大きく変化し、コロナ禍において優先順位が変化するほど価値観の多様化が承認されたことにより、若者の社会人・職業人としての資質や態度、精神的・社会的な自立が遅れていることが明らかとなり、メンタル

ヘルス上の問題や犯罪に身を染めてしまう社会問題が増えている[3]。具体的には、人間関係の構築が上手くできない、自ら意思決定できない、自己肯定感が低く自信が持てないなどだ。伊藤（2023）は新型コロナウイルス感染症が就職希望者へ与えた影響を調べた調査結果から、「困難が予想される就職活動を避けて目的意識が明確でないまま進学を選択した生徒がおり、そうした生徒が就学を継続できるか懸念がある」と報告している。

　このような主体的ではない状況の学習意欲の下、キャリアデザインの遅れが目立ち、就職開始時期になってもモラトリアム（moratorium：アイデンティティ拡散期）を強化した結果、職業観・フリーター、ニート、新卒者の一部の安易な早期離職の増加などの原因にもなっている可能性がある。

　初年次教育は、当該大学の学生の特徴に合わせた内容で構成されているという内部性が強いことから、外部委託によって丸投げすることは推奨し難い。まさに、初年次教育とキャリア教育が近接領域として相互補完的に学士課程教育プログラムを機能させるか（山田、2012）が課題である。

産学連携（University-Industry Collaboration）

　すでに大衆化した大学に求められることは、専門分野の知見を社会還元し、その評価を受けると同時に、社会実験や社会現場での実装と、現実社会で活躍できる人材の育成である。すなわち、大きな意味での、大学による社会への研究教育のフィードバックが重要性を増し、社会連携・地域連携・産学連携や民産官学連携の実践が、大学が社会的存在として必要なのかどうかを問う一つの指標になってきたといえる（飯塚、2018）。産業界が実務の現場で抱える課題やニーズを学術界と共有し、共同で研究開発を行うことで、新たな技術や製品の開発を進め、さらに技術革新と研究開発が進むという好循環を生む。しかし、学校教育と地域社会の状況を総合的に見渡したうえで、課題解決にむけた組織や仕組みの在り方を構想する議論が尽くされてきたとは

3　「犯罪白書(2022年)」によると、インターネットを利用した詐欺や児童買春などのサイバー犯罪はおよそ1万2000件と、前の年に比べて23％余り増え、大麻の所持などで検挙された人はおよそ7000件と、15％余り増えるなど増加傾向が続いている。

いえない（荻野・丹間、2022）。

　産学連携とは、このように大学などの教育・研究機関と企業が連携して、大学の研究成果や技術を企業の製品開発などに活かし、事業化することにより、社会の問題解決に活かすことを目的としている。産学連携に行政である「官」が加わり、「産学官連携」あるいは「産官学連携」と言われることもある。大学がビジネスの種となる「シーズ」をわかりやすく発信し、企業がシーズを理解した上で、消費者が必要だと感じている「ニーズ」に合わせていくために、行政が企業と大学を結びつける役割を担い、共同で研究開発や問題解決を図ることによって産業振興や地域活性化を図る構図だ。

　そもそも、1995（平成7）年以来、政府は「科学技術基本法」において科学技術基本計画を策定し、科学技術政策を進めてきた。つまり、理工・生物系分野の技術力に基づく起業支援や新産業創出、そして教育・人材養成の強化による国家レベルでのイノベーションシステムの構築を試みてきた。1998（平成10）年には、「大学等技術移転促進法」の策定によってTLO（Technology Licensing Organization：技術移転機関）による技術移転や特許出願など研究成果を権利化し、企業に提供してきた。その際に得られる収益は大学に研究資金として還元される。このように、「産」「学」「官」というセクター間の使命と役割を尊重しつつ、オープンイノベーションによって、それぞれの活性化に資する相互補完的な連携を図ることを重要視してきた結果、大学ベンチャー数は日本でも増え続け、社会貢献の多様な在り方を実現している。この産学連携には、多様な形態があり、文部科学省が示す類型が以下の5つである。

1　企業と大学等との共同研究、受託研究など研究面での活動
2　企業でのインターンシップ、教育プログラム共同開発など教育面での連携
3　TLOの活動など大学等の研究成果に関する技術移転活動
4　兼業制度に基づく技術指導など研究者によるコンサルタント活動
5　大学等の研究成果や人的資源等に基づいた起業

近年はこのような自然科学分野のみならず、2，5のような人文・社会科学分野における産学官連携の推進にも期待が高まっている。元NEDO技術開発機構にて産官学連携の推進に尽力してきた南（2023）は、自ら開発した人文社会系産官学連携の統合モデルを通して、経営関与や政策関与、テーマ探索、調査・マーケティングなど技術開発の前段階も含めて広く産学官連携を捉えると、人文社会系分野は大部分で寄与することを明らかにしている。また、大学発のイノベーションの加速が期待されている今、宇宙マイクロ波の研究で知られる名古屋大学の杉山は、求められる人材の能力について以下のように述べている。「従来型の研究者は、1つの課題の解決は得意だ。しかし、例えば地球システムの課題は、貧困と環境問題といったように複合している。解決できる人材を育てるには一つの専門領域を持ちつつ複眼的視野を備え、社会課題と接することが必要だ。さらに、社会連携には理系だけでは駄目で文系と融合しないといけない」。これらは、人文・社会学系大学の価値が再認識されている文脈である。人文・社会系を含む文系学生が培った大局観でものごとを捉える視点、科学的に人を説得する力は、社会人として重要な役割を果たす根幹であろう。

　次に、産学官の担い手となる企業、大学等の規模、形態、研究分野等によって、さまざまな産学官連携の進展や社会的問題の具体的な連携方法を紹介する。京都市内の9大学（京都工芸繊維大、京都産業大、京都精華大、京都造形芸術大学、京都府立大学、同志社大学、立命館大学、佛教大学、龍谷大学）と大学コンソーシアム京都によって構成された「人文社会科学系産学連携を検討する会」がその機能を4類型にして示したものである（表1）。

　現代の社会の課題は、ブーカ：V（Volatility：変動性）、U（Uncertainty：不確実性）、C（Complexity：複雑性）、A（Ambiguity：曖昧性）と表現されるように、先行きが不透明で、将来の予測が困難な状態にある。だからこそ、社会現場での実践や経験学習は低学年次からの導入が必要なのではなかろうか。産業界のみならず、地域コミュニティや地域コミュニティや福祉・環境問題といったより広い意味での社会全体（地域社会・経済社会・国際社会等）の発展への寄与は、学部・専門領域に依らずその個性・特色に応じた教育方法で社会への責務を果たしていくことが可能なはずである。企業での

表1　人文社会科学系産官学連携の4種類

形態	研究系産官学連携	教育系産官学連携	事業系産官学連携	社会貢献系産官学連携
目的	教員の研究分野をさらに発展させるために行う連携	学生の教育効果を更に高めることを目的とした連携	大学の資源を活用しビジネスへ応用するなど収益性のある連携	大学の資源を活用し地域活性化等に応用させる連携
主体	教員	学生（教員はフォロー役）	教員（個人）大学事務局	教員大学事務局
資金	主に依頼者負担	場合による	主に依頼者負担	主に大学負担
取組	①地域産業調査②マーケティング調査	①インターンシップ②PBL教育③フィールドワーク	①コンサルティング（講演・指導含む）②監修・翻訳・通訳③商品企画・開発	①地域連携②展示会・イベント③キャンパス開放④ボランティア

出典：人文社会科学系産官学連携を検討する会（2009）
人文社会科学系産官学連携の4種類[4]

　インターンシップ、教育プログラム共同開発など教育面での連携は、学生に、社会の現状を理解させ、職業的・社会的自立を促すキャリア教育プログラム等がその役割を担う。それは、個々の教職員レベルでも求められ、「コーディネーター」や「ファシリテーター」として連携を促す教員の役割が成否の分かれ目と言える。自らの研究成果やテーマについて産業界からのアプローチがある場合には、学内の産学官連携担当部署に連絡・相談するなどして、組織的支援を得つつ方策をコーディネートしていく役割が望まれる。そのためにも、学問分野に関わらず、教職員は社会貢献が大学の役割として期待されていることを常に認識しておく必要がある。

　さらに、産学連携には、地域の中核となる大学として役割を果たすべく、地域との機能的な関係性が重要である。詳細は、中央教育審議会大学分科会の資料をご覧いただきたい（図3）。さらに、どのような産学連携の事例が

4　南（2021）.「（4）人文。社会系産官学連携」より引用

あるのかを、事業の類型別にして調査した成果がある。経団連が「採用と大学改革への期待に関するアンケート」の一部として2021年8月4日〜10月1日に実施した「組織対組織」※による産学連携の取組事例調査の概要だ。経団連全会員企業（1,480社）と各都道府県の地方別経済団体に加盟する経団連非会員企業を対象に、7つの類型別のうち、どの類型に該当する産学連携が行われたのかを聞いたアンケート調査の概要である（表2）。

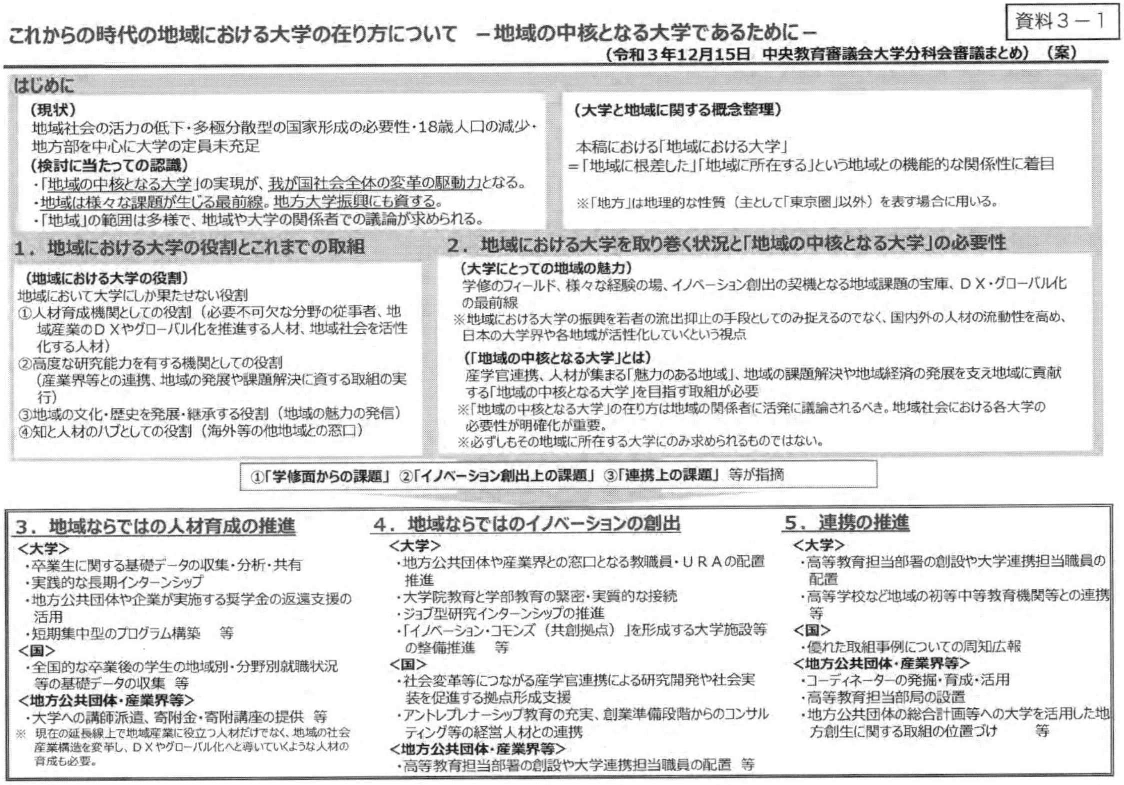

資料3－1

これからの時代の地域における大学の在り方について －地域の中核となる大学であるために－
（令和3年12月15日　中央教育審議会大学分科会審議まとめ）（案）

はじめに

（現状）
・地域社会の活力の低下・多極分散型の国家形成の必要性・18歳人口の減少。
・地方創生を中心とした大学の定員未充足

（検討に当たっての認識）
・地域の中核となる大学の実現が、我が国社会全体の変革の駆動力となる。
・地域の様々な課題が新たな成長を牽引する成長前線。地方大学振興にも資する。
・「地域」の範囲は多様で、地域や大学の関係者で議論が求められる。

（大学と地域に関する概念整理）

本稿における「地域における大学」
＝「地域に根差した」「地域の機能的な関係性に着目
　（主として「東京圏」以外）」を表す場合に用いる。

※「地方」は地理的な性質（主として「東京圏」以外）を表す。

1. 地域における大学の役割とこれまでの取組

（地域における大学の役割）
地域において大学はこれまで果たせなかった役割
①人材育成機能（必要不可欠な分野の従事者等、地域産業のDX・グローバル化を推進する人材、地域社会を活性化できる人材）
②高度な研究能力を有する機関としての役割
③地域の文化・歴史を発展・継承する役割（地域の魅力の発信）
④知と人材のハブとしての役割（海外等の他地域の窓口）

2. 地域における大学を取り巻く状況と地域の中核となる大学の必要性

（大学にとっての地域の魅力）
学問のフィールド、様々な連携の場、イノベーション創出の契機となる地域環境の生育、DX・グローバル化の必要前提等
※地域における大学の魅力は若者の流出防止の手段としてのみ捉えるのではなく、国内外の人材の流動性を高め、日本の大学や各地域の活性化を支えるという視点

（地域の中核となる大学とは）
産学官連携、人材が集まる「魅力のある地域」、地域の課題解決や地域経済の発展を支える各大学に貢献
※引き習地域の中核となる大学が1各引目指す取組が必要
③各地域の中核となる大学のあり方は、地域の関係者に活発に議論されるべき。地域社会における各大学の必要性が明確化が必要。
※必ずしもその地域に所在する大学にのみ求められるのではない。

3. 地域などでの人材育成の推進

＜大学＞
・卒業生に関する基礎データの収集・分析・共有
・実践的な長期インターンシップ
・地方公共団体や企業が実施する奨学金の返還支援の活用
・短時間中心のプログラム構築　等

＜国＞
・全国的な交流事業について地域別・分野別等の状況等の情報発信・データの収集　等

＜地方公共団体・産業界等＞
・大学への講師派遣、寄附金、奨付研究講座の提供　等
※現在の産業構造を支えて地域振興に役立つ人材のすだけでなく、新たな産業構造を担う人材の育成・産業の創出に資する人材の育成も必要。

4. 地域などでのイノベーションの創出

＜大学＞
・地方公共団体や産業界への窓口となる教職員・URAの配置
・大学院教育と学部教育の密な実質的な接続
・シェア型研究インターンシップの推進
・「イノベーション・コモンズ（共創拠点）」を形成する大学の改改等の整備推進　等

＜国＞
・社会変革につながる産学官連携による研究開発や社会変革を促進する地の枠組形成支援
・アントレプレナーシップ教育の充実、創業準備段階からのコンサルティング・グローバル化の経営・創業準備支援との連携

＜地方公共団体・産業界等＞
・高等教育担当部署の創設や大学連携担当員の配置　等

5. 連携の推進

＜大学＞
・高等教育担当部署の創設や大学連携担当員の配置
・高等学校など地域の初等中等教育機関等との連携　等

＜国＞
・優れた取組事例についての周知広報　等

＜地方公共団体・産業界等＞
・コーディネーターの発掘・育成・活用
・高等教育担当部局の設置
・地方公共団体の総合計画等への大学を活用した地方創生に関する項目の位置付け　等

①学修面からの課題　②「イノベーション創出上の課題」　③「連携上の課題」等の指摘

図3　これからの時代の地域における大学の在り方について
～地域の中核となる大学であるために～
https://www.mext.go.jp/kaigisiryo/content/20211215-mxt_koutou01-000019514_3-1.pdf

表2 「組織対組織」による産学連携の取組事例

		回答事例		公開可能な事例	
		企業数	事例数	企業数	事例数
合計		177 社	336 件	82 社	164 件
事業の類型	研究面での連携	127 社	222 件	61 社	109 件
	教育面での連携	99 社	148 件	50 社	81 件
	人的交流	65 社	91 件	34 社	52 件
	研究者による技術指導	45 社	74 件	27 社	43 件
	大学等の研究成果に関する技術移転	46 社	69 件	19 社	33 件
	大学発ベンチャーへの参画	22 社	26 件	14 社	16 件
	その他	17 社	19 件	14 社	14 件
地域活性化に資すると考える事例		69 社	105 件	41 社	61 件
行政も参画する事例		41 社	54 件	26 社	32 件

出典：日本経済団体連合会　別冊　採用と大学改革への期待に関するアンケート
2022 年 1 月 18 日

※「組織対組織」とは、個人的な連携にとどまらない大学と企業との 1 対 1 のパートナーシップや、複数の関係者（他大学や国立研究開発法人、国・地方公共団体等を含む）によるコンソーシアムの構築等によるプロジェクトを指す。
「組織対組織」以外の連携は、研究者や教員との個人的な連携によるもの

　「研究面での連携」が一番多く（109 件）、次いで「教育面での連携」（81件）、「地域活性化に資すると考える事例」が、公開可能事例で 61 件と多い。では、「教育面での連携」事例を 2 つ紹介する。

①社名：株式会社東邦銀行

　　プロジェクト名：東邦銀行提供講座「地域金融論」

<u>産学連携の類型</u>

　　事業の類型：教育面での連携

　　地域活性化との関係：地域活性化に貢献すると期待

　　地域活性化に貢献すると期待される産学連携の効果・狙い：地域を担う
　　　　人材の育成・還流・定着

　　プロジェクトの具体的内容

　　プロジェクトの概要：

・福島大学で提供講座「地域金融論」を実施。

・地域の人材育成に資する事業として、2011 年に開始し、2021 年度で
　　11 回目の開催。

・全 15 回の講義の中で、「地域金融機関の役割」、「福島県の経済と産業」、
　　「経営支援・事業再生支援」、「ＳＤＧｓ／ＥＳＧ」、「地方創生への取
　　組み」等幅広いテーマについて講義。

・2019 年度までは対面授業を実施していたが、2020 ～ 2021 年度は新
　　型コロナの影響にて実施。

<u>連携先大学等 福島大学</u>

　東邦銀行のホームページにも連携の詳細が記されている。福島大学との連
携協定に基づく教育支援事業として、平成 23 年 5 月より提供講座「地域金
融論（東邦銀行提供講座）」を開設。当行役職員が講師となり、毎年 4 月か
ら 7 月にかけて地方銀行経営や地域金融機関の役割等について授業（2 単位）
を行っている。

②社名：株式会社常陽銀行

　　プロジェクト名：常磐大学との連携講座

<u>産学連携の類型</u>

　　事業の類型：教育面での連携

<u>プロジェクトの具体的内容</u>

31

プロジェクトの概要：

常磐大学と連携し、同校の学生に対し「金融概論」・「キャリア開発論」の講義を実施する。各種テーマ毎に講師を派遣し、金融や銀行業務に関する知識の取得だけでなく、キャリアイメージの醸成も目的としている。

連携先大学等 学校法人常磐大学

　常磐大学と常陽銀行の産学連携の取り組みを記事にしたオンラインニュース「文系学生は地元製造業に就職するか？常陽銀が常磐大と連携、見学ツアーで成果〜参加者が実際に就職した例も〜（2018年1月26日）」では、常陽銀行の茨城県内製造業に就職する地元大学の文系学生を増やす取り組みを紹介している。常磐大学と連携して「文系学生　製造業見学バスツアー 2018」を実施し、県内学生に普段接点の少ない文系学生に、地元製造業の魅力を伝え、地元就職を後押しし、地域経済の活性化につなげるのが狙いである。ツアーは、3年目に入り、実際に訪問した学生が就職するなど、徐々に成果も出ているらしい。

「α世代[5]」に対応できるキャリア教育をめざして

　ここまで、キャリア教育の観点から、政府が掲げてきたさまざまな文教政策について説明してきた。社会構造が変化しつつある中で、若者の進路や職業選択、さらには混沌とした社会を生き抜くために、小学校から大学まで体系的で統合的なキャリア教育推進の必要性が高まっていることをお分かり頂けたと思う。

　1872（明治5）年「学制」の発布によって「学校」ができ、近代教育が始まって150年が過ぎた。現在は、グローバル化、高度情報化による産業構造の変化、コロナ禍によって加速する新しい価値観、AIの急速な進展、そして、加速する少子化などが学校教育を直撃している。このように、社会は激変してい

5　α世代（アルファ世代）。2010〜2024年までに生まれた世代を表す言葉。2005年、人口統計学者の　Mark McCrindleがZ世代に続く世代を表す言葉として提唱。

るのにもかかわらず日本の教育界は、平等や前例主義を重んじた結果、抜本的な改革は道半ばである。個性を際立たせない平等主義は、西洋列強の真似をして経済成長を遂げてきた日本文化の特徴だ。共同体が一種の効率性として維持してきた「同調圧力」だが、改革を求められる現代においては、多様性だけでなくイノベーション（価値創造）をも阻む。近年の日本の地盤沈下の背景には、すでに世界が「正解がない時代」になっているにもかかわらず、いまだに日本では「決められた正解を素早く出すことが優秀な人の条件」とされていることにある。それは、中学・高校入試などによる基準点に従った絶対評価によって合否を判断する仕組みに表れている。子ども、親、そして教師が、失点回避に躍起になる教育文化は150年たってもほとんど変わらない。

　「正解がない時代」とは「正解がいくつもある時代」のこと。そのためには自分たちで正解をつくっていく必要がある。そして自分たちで正解をつくるとは、仮説—実行—検証を回していくことにほかならない。この過程で必ず付いてくるのが失敗。いままで避けがちだった失敗とどのように向き合い、どのように糧としてしゃぶりつくすのか、そこがこれからの時代の成否を分ける（畑村、2022）。

　そこで、必要となるのが「自分たちで解をつくっていく力」だ。奇しくも、今、「生成AI」が我々の情報の世界を一変しようとしている。高度な言語能力を持つChatGPT（生成系対話型AI）などが回答する優れた対話能力と自然な会話に驚きを隠せず、教育現場は大きく揺れている。これまでも、既に答えがある問題は、オンライン上にあふれていたが、この生成AIは、入り組んだ複雑な問いにも、新たな提案などにも、対応してくるのである。知識の詰め込みと、それを正確にアウトプットできるかを評価する教育だけでは、意味を為さなくなることを、まざまざと見せつけられた。テクノロジーの進化はもはや止められないし、止める必要が無いことも、我々は一方で理解している。それは、経済成長の縮小と国際競争力の低下、慢性的な人手不足、生産性が決して高いとはいえない職場環境と文化に対して、AIはさまざまな視点から危険回避を予知するクリエイターとして我々を補助してくれ、長い目でみれば、業績向上、経費削減につながることを期待させてくれるからだ。

したがって、このような時代に、大学教育としてどのような人材の育成と輩出が求められるのか、どのように育成していくべきか。これが、本書の最大のテーマである。2023年8月、経済産業省はデジタル人材の育成指針に、この生成AIを追加した。生成AIの活用は企業の競争力の向上につながるとして、経営者も従業員も関連するスキルを身につけるべきであると示した。AIが非常に賢くなった結果、人間はそれ以上の何か、を求められる時代が来ている。つまり、これからの社会人には、AIからアイデアを引き出し、鵜呑みにせずに調査したうえで優先順位をつけ、取捨選択し、新しい価値創造につなげていける能力が必要なのだろう。

　この能力を育成するには、「疑問」を持つことだ。なぜこうなったのか、プロセスをふりかえり、クリティカルに感性をフル稼働させることだ。しかし、礼節や年功序列を尊重する文化の日本では、目上の人や教師や、既存の法則に対して疑問を持つことを、いまだ不謹慎とするような価値観が根付いている。文句をいわずに従順に指示に従う勤勉性こそが、日本の誇るべき国民性だと悦に入る。脳裏に浮かんだ「疑問」は、成長や問題解決のシーズであったかもしれない。にもかかわらず、何もなかったことにし続けた結果、探究そのものをリスクととらえ、無反応でいることこそが安全と判断する子どもを、増やしてしまうことに繋がっているのではないか。疑問を抱くことは、まさに人間の強みのはずである。「疑問」を見つけて問いを立て、定まった正解がない中で最適解を自ら打ち出す「自律型探究学習」への転換が、今こそ求められている。図4のように、自分を取り巻く様々な事象を探究しながら、自己実現のために自己選択を支援することが、キャリア教育の核心といえるだろう。

　すなわち、AI時代の人材教育は、脱・正解主義から始まる。このような時代にこそ、キャリア教育に関する総合的・包括的カリキュラムは、創造と改革を生む人材を育てるものでなくてはならない。理工系大学で蓄積した専門性を産学連携の共同研究によるイノベーション創出に活かすことは、わが国において重要スキームであろう。しかし、学生一人一人の発達途上のパーソナリティやポテンシャルを、産学連携のなかで自らの可能性を初年次から意識させることは、個人のキャリア形成の礎になるのではないか。企業・団

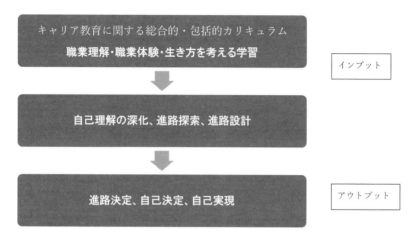

図4　キャリア教育のねらい（山﨑、2020の表を筆者が修正）

体の業務内容や職業理解、職業体験などの体験的学習を行い、社会人と交流することを通して、集団の中での自己の立ちまわり方などについて、失敗を繰り返しながら俯瞰する機会を提供し、自分なりの成功法を導き出すサポートを行う。自己の生き方や方向性の探求は、自己肯定感の向上と進路に関する自己実現を主体的に求めるようになる。これこそが本来の就職準備段階なのではないか。学生生活で得た知見や学習意欲を、将来の職業生活と実現のための進路設計のアウトプットにいかにして結びつけるのか。キャリア教育とは、PBL（問題解決型学習）等によるアクティブラーニングを通して、学生一人一人が進路設計の見通しと見極めをおこないながら状況に合わせて適応させていくことを促進させることが役割なのだ。この混沌とした時代を生き抜く力の涵養に、不可欠な教育分野の一つであると言える。

　今後は、生まれた時からスマートフォンが存在し、デジタル上のコミュニケーションが当たり前の「α世代」たちが社会を担っていく。大学は、AIを否定するばかりではなく、また、言いなりになるばかりでもなく、どう受け入れ、どのように活用し、目標達成に活かしていくのかを学生に教えなければならない。理系学部と企業の共同開発やイノベーションの創出が、とかく中心となって推進されてきた産学連携だが、人間としてのプレゼンスを高めるソフト面での育成こそ、産学連携は最適ではないか。データから新しい

戦略を創出することは、思考力と共創力の高い人間の強みなはずである。そう考えた筆者は、教育プログラムの開発に取り組み始めた（図5）。それについては、第2章で詳細を報告する。

キャリア教育	初年次教育	産学連携（人文社会系）
自己理解を深めながら自らが望む生き方を決め、それを実現していける力を育む	学習面と生活面を含め大学に適応するための挑戦を支援する教育	現実の課題に取り組むことで、実践的なスキルを磨き、社会的自立をイメージする

産学連携を初年次教育に統合した低年次生対象キャリア教育プログラム

図5　本研究の教育プログラムの概念

第2章

大学教育における
キャリア教育

初年次キャリア教育の問題と背景

　本来、まっとうなキャリア教育を施すことは、子どもたちの生きるめあて
や進路意識を明確にさせ、結局は当面の学修に対する意欲を高めることに
なって、学力向上につながるということが先進諸国でのキャリア教育の成果
に関する常識的な知見である。つまり、キャリア教育は専門教育に対して促
進作用を持つように有機的に結び付けられてこそ、その力を発揮できるので
ある（児美川、2011）。

　2011年、大学設置基準の改正によって、大学でのキャリア教育やキャリ
ア形成・就職支援が義務づけられたことは、第1章にて前述の通りである。

　この改正を明示された大学は、就職課を「キャリアセンター」に改名し、
これまで正課外で行われていた就職支援（出口指導）を、キャリア教育とし
て正課化していった。この量的・質的拡大は、教学側にとって少なからぬ
戸惑いが伴っていたことと思われる。前後して押し寄せていたさまざまな業
務拡大の波のなかで、キャリア教育はその一部に過ぎなかったし、学問の
場を中心的に担う一員としての自覚が学生の就職にかかる指導に関与する
ことに対するためらいを後押ししたであろうことは推測に難くない（永作、
2012）[6]。というのも、就職にかかる指導は職員の仕事であり、キャリア教育は、
キャリアセンターの教員や外部業者の仕事であるといった「教員のキャリア
教育に対する非関与意識」が、根強く残るからだ。また、担当者がある程度
のベテランであったとしても、もともと民間企業から大学に流入してきた教
員である場合が多く、アカデミックキャリア一本で歩んできた教員からの反
感を買いやすい（永作・三保、2019）。

　文部科学省の学校基本調査（2022年12月21日発表）によると、2022年
度の大学進学率は前年度から1.7%増の56.6%で、過去最高を更新した。厚
生労働省が2023年6月に発表した「人口動態統計」によると、2022年の出
生数は過去最少の約77万人、人口減少と並行して現役世代の減少も加速す
る。こうした中で1人当たりの国内総生産（GDP）の成長を維持する源泉
はイノベーションだが、鍵を握るのは働く人たちの質である。人への投資は

6　永作・三保, 2019, まえがき ii

欠かせない（日本経済新聞社；2023 年 6 月 23 日会員限定記事）。経済が縮小していくことが予想される日本において、進学率の伸びはこれ以上見込めなくても、全入時代は維持していくことだろう。学業重視・偏差値偏重主義の受験によって入学してきた学生にとって、青年期の貴重な発達期を過ごす大学は、どのような場所である必要があるのか。すなわち、初年次キャリア教育は、今後の 4 年間を左右するといっても過言ではない。これらを有機的につなぐ初年次キャリア教育プログラムの開発が求められる。

社会関係資本（social capital）

　教育や学習は人生や将来への投資であり、社会の資本につながる。自分の生きる集団だけでなく異質な集団でも交流できる力は、人間関係の力と言える。家族や職場、地域、世界で生きる時、人と関わり、つながりを持つ力は生涯にわたる学習や健康に大きく影響する。人間関係の力を育てる社会的な資本、ソーシャルキャピタルは家族や職場、地域の中にある（立田、2018）。社会的結束と健康が関連しているという考え方は、少なくとも一世紀以上前からある（ジョン・フィールド、2022）。また、社会的連帯と健康の関連を示すホワイトヘッドら（Whitehead and Diderichsen, 2001）の研究では、強い社会的ネットワークを持つ人の死亡率は、社会的連帯が弱い人の半分、もしくは 3 分の 1 だと示した。このように、社会関係資本の健康とウェルビーイング（善く在る状態）に関連する効果は、否定できない。「社会関係資本は地域の無形資産のことである」とすでに 1900 年代初頭に定義したハニファン（1916）は、「善意、友情、思いやり、個人における社交、社会単位としての家族と地域社会、学校、そして労働現場である産業社会で蓄積される「資本」のことを指していた。つまり、学生が社会に参画してコミュニティを広く構築していくためには、早くから地域社会や経済を営む組織との間で形成される社会関係資本の形成の援助が必要であると述べた。また、立田・岩槻（2007）は、発達資産という視点から、個人の資産の水準を高めるための、「内的資産」の形成と、「外的資産」の発展の関係を図 6 のように示した。このように、コミュニティ・ネットワークを多方に持ち、資本・資産を増やして

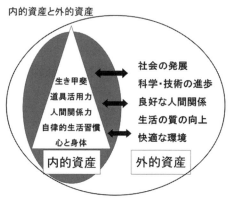

図6　内的資産と外的資産

出典：立田慶裕・岩槻知也（2007）家庭・学校・社会で育む発達資産

いくことは、自らの未来への投資になるのだ。

　しかし、わが国にとって残念な調査結果がある。2005年ではあるが、OECDが「社会的に孤立している人の割合がどれくらい高いか」をOECD加盟国で調査したときのランキングだ。家族以外の人（友人や同僚、地域のコミュニティなど）との交流が「ほとんど無い・無い」と答えた人の割合が、日本は20ヶ国中トップ（15.3％）だったのである。宗教観の違いなどを考慮したとしても、世界と比べ、なかなか周りを頼れない人が多い国民性が明らかになった。

　このような問題と背景が浮き彫りになる中、「大学は、今、何ができるか」を改めて問いたい。そこで、筆者は、学業を通じた成長と発達がキャリア形成の土台になることを強調するため、キャリア教育に比重をおいた産学連携プログラムの開発に挑戦した。学内にとどまらないネットワーク構築をスタートさせ、いくばくかの自尊感情を醸成できるような大学キャリア教育の質的向上を目的に、正課内の初年次キャリア教育プログラムの開発に取り組んだ。その内容を紹介する。

学生が成功するための舞台を用意する

　現代の大学生の多様性は計り知れない。生育環境・家族成員の役割の多様化、犯罪の被害・加害のリスクの増加、精神的・社会的自立スピードの変化など、そこから派生したさまざまな問題がクローズアップされている。具体的には、人間関係の構築が上手くできない、自ら意志決定できない、法令順守・倫理観の低下、自己効力感の低さ、進学目的の不明確さ、中途退学の選択の増加などが指摘されている。これらに対応すべく高等教育の役割が見直され、自分らしい生き方を形成していくプロセスをサポートするキャリア教育が、注目されてきたともいえる。自己効力感の向上に関する研究は、2000年以降、「インターンシップ」「キャリア・ガイダンス」「キャリア・カウンセリング」など、事例は多数報告されている（浦上；1995、伊藤崇達 , & 神藤貴昭；2004、新居田：2019）。インターンシップでは、遂行行動の達成による影響、アドバイスをもらうなどの情動的喚起の影響、努力を重ねる社会人に身近に触れることによる代理的経験の影響（楠奥；2006、安達；2006、平尾・田中；2017）など、体験学習の成果には枚挙に暇がない。

　しかしながら、新型コロナウイルスによる３年以上もの行動制限によるさまざまな環境変化は、子どもたちの生きる力を削いでしまった。2022年の自殺者数は２万1584人だったことが、警察庁の自殺統計（速報値）に基づく厚生労働省のまとめで明らかになった。新型コロナウイルスの流行前は10年連続で減り2019年に約２万人となったものの、コロナ禍以降は、1000人ほど増えたまま高止まりの状況だ。そのうち、小中高校生の自殺者数は514人で、統計がある1980年以降で、今なお最多（厚生労働省、2023年3月14日発表）を更新している。一人ひとりの背景を追うことは不可能だが、欠けていたのは「自尊感情」と「成功体験の少なさ」によるものと仮説を立て、大学生の初年次の早期から、学習場面での成功のための舞台を用意することを目指した。ここからは、筆者が2022年度に取り組んだ「産学連携を初年次教育に統合した低年次生対象キャリア教育プログラム」を紹介する。

1. 授業の背景と経緯

　本研究は、神戸学院大学人文学部の1年次生後期「基礎演習（ゼミ）」における正課内授業プログラを通して実施された。キャリア教育といえば一般的には「全学共通教育」のなかに位置付けられることが一般的だが、人文学部は創設（1990年、教養学部から改組）以来、文理総合大学としてその役割を果たしてきた。人文学部では、2006年度より独自のキャリア教育専門科目を配しており、筆者はこの学部のキャリア教育を2017年より任せられている立場である。そこで、担当のキャリア形成科目ではなく、専門科目演習である初年次ゼミ生を対象に、キャリア教育を中心とした産学連携プログラム案を検討し、当時神戸学院大学と産学連携協定を締結していた兵庫県中小企業家同友会[7]の会員企業とともに社会に資する人材育成につなげる機会を頂けることになった。連携に当たって、兵庫県中小企業家同友会と学生全員とで秘密保持誓約書を交わした。

2. カリキュラム上の位置づけ

　科目名は「基礎演習」であり、1年次「後期」対象の専門教育必修科目として位置づけられる。入学早々の「前期」には、「入門演習」という科目があるが、こちらはまさしく初年次教育プログラムの一環の共通シラバスであり、学部教育環境に定着させることを目指しているが、後期の「基礎演習」は、各指導教員の専門性に依る。よって、本研究は、筆者の専門領域であるキャリア教育・社会心理学・産学連携などに沿って、プログラムを実施したゼミ活動である。

3. 授業のねらい

主題：アクティブラーナー育成プログラム「持続可能な社会の実現」

社会人と交流が図れるゼミ（実際に企業が抱える問題ややりがいに触れる

7　兵庫県中小企業家同友会とは、兵庫県を拠点とする中小企業の経営者を会員として組織され、会員経営者同士の学びあい、共に解決するために集う経営者団体のこと。2023年12月現在、2296名の会員を有する。

ことができる）

　主な内容は、SDGs（Sustainable Development Goals）持続可能な開発目標、に関する研究と考察を行う。他人事と捉えがちな環境・経済・教育・社会の現状と問題を理解することで「自分ごと」とし、持続可能な社会の構築を目指す市民（グローバル・シチズンシップ）の自覚を持てる人が、今後求められる能力の一つとなる。よって、早くから、経済活動の視点で問題意識を持つことは、これからの学修生活においても視野を大きく広げることにつながる。現在の日常が当たり前ではなくならないように、地球の未来を見据えながら一人一人が生活で実践できることを調査し、発信していく態度、手段を学ぶ。

到達目標：

　　・探究心や好奇心をもって、世の中の疑問や問題を探究できる

　　・調査によって発見した事実から、考察を加えて自分の考えや意見を文章で表現し、発表することができる

　　・人間の行動心理を考察しながら、効果的なかかわりを模索できる

　　・個性豊かな良識ある学習者を目指し、能動的に社会貢献に挑戦できる

独自性と創造性：

　　・初年次生にとっては、おおよそ４年後に始まる社会経済活動に参画するイメージはまだ持ち得ていない。よって、外界に対して必要以上に恐れ、高いハードルを立ててしまう前にこそ交流することはむしろチャンスであり、このような行動化を促進するPBL型授業は多くはない。

　　・学習者のみならず、社会人にも多様な価値観を持つ経営者や従業員がいることを知り、それが各組織の強みであることに気づくことができる。

　　・中小企業様と神戸学院大学生との交流をきっかけに、地元企業理解が深まり、地域になくてはならない会社である各社の経営体制などを、広く学内で周知することで、身近に感じられる広報ができる。

　　・地方創生の意義とその方略を早期から体験できる。

4. 授業計画「基礎演習」

第1回　オリエンテーション

第2回　チームをつくろう　アイスブレーク、チーム結成、自己紹介

第3回　SDGs入門　持続可能な未来への学びとは

第4回　調査・研究の方法　17Goalsの目標について、みんなで考えられるよう探究し調査を深める方法を学ぶ

第5回〜第9回学外調査　事業所訪問　運営の事例など見学しながらインタビュー調査を行う

第10回〜第11回　プレゼンテーションと意見交換（1）（2）　テーマごとの個人発表を通して自由な研究と全体共有を楽しむ

第12回　「持続可能な社会の実現」を設計する　各自が調査した結果から解決策を統合する

第13回　「持続可能な社会の実現」チーム作業　チームで意見を出し合い、完成させる

第14回　「持続可能な社会の実現」　プレゼンテーション準備　プレゼンテーション方法と成功への極意を復習する

第15回　「持続可能な社会の実現」　コンペティション
　　　　ワークショップ（発表会）の開催　調査対象企業・団体を招き、未来について考える

　当授業では、まず、世の中の社会・経済活動や利益を生む仕組みなど兵庫経済を概観しながら理解を進める。そして、持続可能な社会を構成する産業界や行政の取り組みを知ることで、社会参画意識の醸成を狙っている。ただし、新型コロナウイルス感染症が5類になる前の時期であることから、感染リスクなど終始、健康管理には留意した。20名の学生を7チームに分け、チーム毎に事業所を希望に沿って充てた。目標達成のためには、個人活動ではなく、集団活動主体で行うことを求め、チームメンバーとの信頼形成の段階を実感させることを意図した。そのために、チームビルディングの最初の段階であるアイスブレークなどを多用し、心理的安全性が感じられるチーム作りに時間をかけた。

履修登録科目で予定がフルに埋まっている 1 年次生がメンバー間で予定を合わせ、事業所にアポイントメントを取ることに予想以上に時間がかかったことが課題となった。アポイントの日程までに、事業所研究としごと内容を事前に共同で理解を進めたことで、取材と銘打った事業所訪問には、全員が遠方まで揃って出かけ交流を深め、各々が学びを深めることができた。しかし、このあとが問題であった。集めた情報を、チームでまとめられないのである。評価懸念[8] が起き、同調、もしくはフリーライダー効果[9] がほとんどのチームで起こり、遅々として進まないのだ。大学受験対策により体に染みついた「解答一択主義」を和らげるには時間がかかった。

5. 自己調整学習者を育てる

前述の中教審在り方答申 (2011) 第 4 章「高等教育におけるキャリア教育・職業教育の充実方策」の中で、(ア) 入学前段階や入学初年次における、後期中等教育からの円滑な接続や学びへの意欲を向上するための教育上の配慮にはこのような記述がある。

> 「入学初年次において学生生活と卒業後の自分を考えさせ、高等教育機関で学ぶ目的意識を持たせることなどを通じて、キャリア形成を行う基盤を培う」「その際、入学者の学習意欲の醸成や学習習慣の確立のため、高等学校の教員と問題意識を共有し、解決策の検討を行い、高等教育の学習にスムーズに移行できるよう入学前教育を実施している場合もある」

> 「学生・生徒の中には、学業不振や学習意欲の減退等の理由により中途退学する者も存在するが、これらの中には中途退学後の明確な目的を持たない者がいると考えられる (中略)。キャリア教育の取組を通じて、学生・生徒に学ぶ目的意識を持たせ、学習意欲の向上につなげていくことは、このような中途退学の予防の観点からも重要である」

ここに記されたことから明らかに言えることは、キャリア教育には、学生の学ぶ目的意識を持たせる、学習意欲の向上につなげる、などの責務も含ま

---

8 他者からの否定的な評価に対する心配や、否定的に評価されるのではないかという予測 に対する心配 (Watson & Friend, 1969)
9 集団の利益にタダ乗りすること。社会心理学、経済学用語。

れるということだ。そして、われわれ大学教育に関わる者の使命は、専門分野の知識だけでなく、変化していく社会に適応するため生涯にわたって学び続ける力や方法を身に着ける機会や環境を提供することでもあるのだ。そこで、にわかにクローズアップされたのが、アクティブラーニングである。

　そのなかでも重要だと考えてきたのが、「学習の共同性と社会性」である。学習の共同性とは、二人以上の人間が、協調的に活動することによって理解が深化するという学習の特性である。一方、学習の社会性とは、学習は社会的に意味のある活動の中で動機づけられるという学習の特性である。この学習の共同性と社会性は、メタ認知と動機づけの研究が深く関係している。メタ認知の概念に、学習および知識の共同性を導入し、動機づけを、個人の問題から共同性への参加としてとらえ直すことで、協働や参加によって理解が深化し、学習意欲が得られる可能性がある（ニルソン、美馬ら監訳、2017）。

　しかしながら、学生に目を向けると、社会を概観しながら、計画的に自律的に、共同のなかにおいて主体的に学びを探究している兆候を示す学生は、残念ながら多くはない。学ぶことの本質は、人が自分自身にかかわることであり、努力できる能力のことであり、自己コントロールのことである。そして、実行可能で最も望ましい成果をあげるために必要な、批判的な自己評価を行うことをその本質とする。現実に達成をめざすなかで、リスクの回避や失敗、注意散漫、単なる怠惰に打ち克っていくことでもある（ニルソンら）。このような学習方略理論を本書では、ジマーマン（2002）の自己調整学習に準拠する。

　自己調整学習（self-Regulated learning）とは、学習者があらゆる学習過程において積極的に関わることで、自身の認知活動や学習行動を調整しながら、効果的に学習目標を達成することを目指す学習方略を指す。この学習方略を成果につなげるためには、有意味受容学習[10]を軸とし、これまで培ってきた既存知識である先行オーガナイザ（advance organizer）を改めて学習し、受容されやすい情報の提示をしながら自己と社会の理解を進めていくことが

10　有意味受容学習はオーズベルによって提唱された先行オーガナイザ(Advance Organizer)を使う演繹的思考過程を重視する学習理論である。先行オーガナイザは、学習の始まりに使うものであり、それ以降の学習に見通しをもたせるような一般的で抽象的な概念である。川上・渡邉 (2010).

重要になる。これを成立させるためには、①「メタ認知[11]」：学習の目標や過程や成果を客観的にモニターし、自覚すること。②「動機づけと感情コントロール」：学ぶ意欲を高める方法をつかみ、落ち着いた前向きな気持ちで学びに向かうために感情を整えること。③「行動」：必要な情報収集や援助の選択と環境調整などの改善のための行動を実行することが、必要である。自ら学習目標を設定し、計画の進展をモニターし、結果を評価し、さらなる学習を進めていくには、いわばPDCAサイクルを回せるような経験の機会が必要（新居田、2022）なのである。他者との交流や対話から「問い」を立て、自分の価値観や考え方を振り返る。その時に、他者という貴重な存在が多様なモデルとして方向性を示唆してくれる。このような学修方略を意図して、グループ活動を指導した。1年次生にとっては、まだコミュニケーション能力に格差がある中で、筆者にとっても挑戦的な取組みであった。

6. 学習をどう促すか

本研究での、授業における進行は以下の通りに進めた。

①居場所としてのゼミづくり

②自己調整学習とは何かを考えさせる

③学習の目的理解

④目標設定と計画

⑤実行

⑥内省（個人・集団）

⑦意見の集約（成果物にむけた議論）

⑧執筆分担

⑨合意形成と完成

⑩発表

⑪事業所ご担当者からフィードバックを受ける

⑫自己調整学習スキルの自己評価

---

11 学習内容について覚えたり、考えたりする認知活動そのものも大切であるが、深い学びが成立するには自らの認知活動について自覚したり、これを適切にコントロールしたりする「メタ認知」の力が極めて重要になってくる。L・Bニルソン(2017)

⑬学び・得られた気づきの可視化（メタ認知）のためのアンケート回答

　問題となったのは、時間調整がうまくいかず、計画のすべてが後倒しになってしまったことだ。1 年次生の必修単位数は 30 単位で、ほぼ毎日、3 講義程度は詰まっている時間割であり、各社とのアポイントメントを学生にさせたのだが、予想以上に時間を要してしまった。しかし、企業訪問は、誰一人欠けることなく、受け入れ側である企業のみなさまの配慮のおかげもあって順調に進み、会社や経営に対する見方が新たになったことを口々に発したほど、楽しかったようだった。しかし、この後に壁が立ちはだかる。初めての経験に近い、共同と協働の壁である。意見交換や対話を避け、遅々として進まない状況が顕著なチームと、どんどん進むチームに二極化した。その上、新型コロナウイルスがまん延し、欠席者が続出したことも重なって、発表資料とレポートが完成したのは、ほとんどのチームが発表会の数日前から前日であり、当然、リハーサルの機会すら失することになった。学生の研究結果は芳しくないかもしれないが、産業界と大学生が交流するという、コロナ禍を超えて初めてに近い集団活動から、失敗体験を含め多くを学んでくれているはずだと期待して、最終課題である発表会当日を迎えた。

7.　研究発表会

　2023 年 1 月 18 日、「社会学習事業　地元中小企業インタビュー　探究学習成果発表会」と題して、有瀬キャンパスにおいて発表会を開催した。連携協力の企業 7 社（表 3）と事務局である兵庫県中小企業家同友会事務局担当者を招き、交流の場を設けた。しかし、2022 年冬から襲われたコロナウイルス第 8 波の影響により、ゼミ生だけでなく指導教員である筆者も罹患した結果、この最終講であった成果発表会のためのリハーサルが一度もできず、すべてがぶっつけ本番となってしまった。したがって、教員に頼ることもできず、協働で主体的に完成させたチームがほとんどだった。自分たちでPowerPoint 資料を編集し、連携したプレゼンテーションを発揮できたことは、結果的に自己調整学習の面からも奏功したとも言える。発表後には、事業所の担当者からコメントやフィードバックを頂戴でき、学生たちのメタ認知の拡張には成功したといえる（詳細はアンケート結果に示す）。

表3　企業リスト（兵庫県中小企業家同友会提供、2023年7月1日時点）

企業名	所在地	業務内容
㈱イーエスプランニング	神戸市	不動産事業（駐車場・マンション）をサポートする会社
㈱いづよね	神戸市	あなたが笑顔になれるお米の販売
㈱鍵 庄（かぎしょう）	明石市	海苔各種加工販売、微粉末製造販売、海苔抽出物製造販売
㈱神戸サンソ	神戸市	医療ガス製造販売
㈱ネクストページ	神戸市	WEBサイトの企画・制作・運用
㈱フナビキ工務店	神戸市	建築工事業（マンション・ビル・工場・一般住宅の新築・改修）
㈱ブレスト	神戸市	生鮮野菜・果物、カット野菜の専門会社で「卸売事業」「小売事業」「商品開発事業」「海外事業」の４つの柱

（五十音順）

第3章

学習成果

本プログラムが目指すもの

　本研究のテーマである「産学連携を初年次教育に統合した低年次対象キャリア教育プログラム」が目指す成果は、2011年の中教審の在り方答申で示された「社会的・職業的自立、社会・職業への円滑な移行に必要な力」の一つである「基礎的・汎用的能力」を、初年次から醸成させる学習機会を提供することである。そして、将来的な個人のキャリアを主体的に形成していくことをサポートする産学連携教育が学生の自己効力感と学生生活満足度に、どの要因が関連しているのかを明らかにすることにより、学生の自尊感情の醸成に寄与することである。

　キャリア教育の研究領域ではこれまでさまざまな研究成果が明らかになっている。例えば、社会・認知的進路理論（social cognitive career theory：SCCT）[12]（Lent et al.,1994）では、進路に関する自己効力感や結果期待などの個人の認知が、進路発達のプロセスにおいて重要な役割を担うことが指摘され、自己効力感は、実際の就職活動における積極性との関連が指摘されている（五十嵐、2018）。溝上（2009）は、大学生活の過ごし方が「学生の学びと成長」をどのように説明するのかを、全国データから検討した。知識や技能が身についている、将来展望を持っている、などの項目で有意に高得点を示すのは、授業に出席しつつ授業外学習や読書もおこなう、さらには遊びや対人的な活動にも多くの時間を費やす、言い換えれば「よく遊び、よく学ぶ」活動性の高い学生タイプであることを報告した。また、キャリア意識が高い学生は、過去に大切だったと思えるような人と会い、努力をし、経験として残っている者が多く、現在もなお、大切と思える周りの人と会っている者が多く、そして、これから大切になる何かしらの力について説明ができる者が多い（田澤・梅崎、2017）。このように、大学生にとって、大学生活をどのように主体的にマネジメントしていくかは、後のキャリア形成に影響を及ぼすことが想定できる。

12　3つの社会認知変数である自己効力感(self-efficacy)、結果期待(outcome expectation)、目標(goal)を理論の中核とし、自己効力感が高く価値ある結果が得られると判断すると人は活動に対して興味をもち目標を設定するという理論。

以上のことから本教育プログラムでは到達目標を以下のように提示した。

・探究心や好奇心をもって、世の中の疑問や問題を探究できる

・調査によって発見した事実から、考察を加えて自分の考えや意見を文章で表現し、発表することができる

・人間の行動心理を考察しながら、効果的なかかわりを模索できる

・個性豊かな良識ある学習者を目指し、能動的に社会貢献に挑戦できる。

つまり、取材や探究学習を行うことをレポートにまとめ、論理的表現力を養っていく。また、個人作業に限定されず、集団と協働連携のなかで目標を達成していく経験を積む。これらによって、自分の個性を認め、社会に貢献する個人になるために、さらに伸ばそうと挑戦を始める。このように、自分の将来のイメージを描き始めてくれることを期待したい。

メタ認知（meta cognition）

心理学でいうところの認知（cognition）は、見る、聞く、書く、読む、話す、記憶する、思い出す、理解する、考えるなど、頭を働かせること全般を指す。私たちが、日常的に行っていることだ。「メタ」とは、ギリシャ語に由来する接頭語であり、「〜の後の」「高次の」「より上位の」「超」「〜についての」などという意味を表す（三宮、2018）。1970 年代、Flavell(1975,1979) を始めとする認知心理学者を中心に研究されてきた。また、Fleur et al., (2021) は、メタ認知とは、通常の認知活動をもう一段高いレベルからとらえた認知を指し、自分の認知プロセスを認識する能力 (メタ認知的知識) と、それらを調節する能力 (メタ認知的制御) の両方が含まれるとしているが、三宮（2018）の以下の解説がわかりやすい。

メタ認知の中には、知識の成分と活動（もしくは意識経験）の成分が含まれます。たとえば、私たちは「何かを小学生に説明する時には、大人相手と同じ説明では通用しない」ことを知っています。このような知識は「太陽は東から昇る」といった知識とは別種のものであ地、私たちの認知についての知識です。これをメタ認知的知識と呼びます。他にも「私たちは判断を誤ることがある」というメタ認知的知識は多くの人がもっており、この知識があるからこそ、重要な意思決定を行う際には慎重になっ

たり他の人の意見も聞いて参考にするといった行動がとれるのです。

　私たちはまた、「あの人の名前を思い出せない」「突然良い考えがひらめいた」などの認知的な気づき経験することがあります。また、「予備知識のない人わかるように伝えよう」「説明で用いる例を変えてみよう」といった、認知活動の目標設定や修正を行うこともあります。これらは、知識ではなく、活動成分であるため、メタ認知的活動（あるいは認知的経験）と呼ばれます。

　メタ認知的知識とは、①人間の認知特性についての知識、②課題についての知識、③課題解決の方略についての知識、これら３つの要素に分かれる（表４）。

表4　メタ認知的知識の区と具体例　（三宮、2018）

メタ認知的知識の区分	具体例
①人間の認知特性についての知識	「思考は感情に左右されやすい」 「私は論理的思考が苦手だ」 「Aさんは受け手を意識した説明の仕方を工夫している」
②課題についての知識	「繰り上がりのある足し算は、繰り上がりのない足し算よりもまちがえやすい」 「抽象的な議論は具体的な議論よりも、論点が曖昧になりやすい」
③課題解決の方略についての知識	「計算ミスを防ぐには、検算が役立つ」 「ある事柄についての思考を深めるには、文章化してみるとよい」

　さらに、③の課題解決の方略についての知識は、宣言的知識（Declarative Knowledge）、手続き的知識（Procedural Knowledge）、条件的知識（Conditional Knowledge）（Schraw& Moshman、1995）といった３つのカテゴリーに分類できる。宣言的知識とは、何かについての「事実」や「情報」を指す。具体的なデータ、真実、理論、概念、規則などがこれに含まれ、主に「何を知っているか」に焦点を当て、知識を説明したり、共有したりするために使用される。例えば、数学の公式、歴史の出来事、科学的な法則、言語の文法ルールなどが宣言的知識にあたる。宣言的知識は、他の２つのカテゴリーの基盤

である。手続き的知識は、何かを「どのように行うか」に関する知識であり、具体的なステップ、手順、技術、スキル、アルゴリズムなどが含まれる。実際のタスクを遂行するために必要な知識であり、アクションを実行するための指示を提供してくれる。例えば、自動車の運転、プログラムのコーディング、楽器の演奏などが手続き的知識にあたる。手続き的知識は、宣言的知識を基にして実践的なスキルを構築している。条件的知識は、特定の「状況や文脈での知識」を指す。つまり、特定の条件や状況が存在する場合にのみ有用な知識である。条件的知識は、宣言的知識と手続き的知識の両方と関連付けられることがあり、特定の状況でどの宣言的知識や手続き的知識を適用すべきかを理解するのに役立つ。例えば、医療従事者が特定の病状に関する宣言的知識を持ち、その病状を診断し治療する手続き的知識を持っている場合、それを特定の患者に適用する条件的知識が必要になる。われわれ個人だけでなく、集団・組織が、これらの3つの知識カテゴリーを管理し、問題を解決し、タスクを遂行するために不可欠な要素なのである。知識を有効に活用するためには、これらのカテゴリーを理解し、適切に組み合わせることが重要だ。

表5　方略についての知識の区分と具体例・ノートテイキングの場合

（三宮、2018 に筆者が修正）

方略についての知識の区分	具体例
①宣言的知識（何かについての事実や情報）	「授業で学ぶ内容を理解・記憶するためには、ノートをとるとよい」
②手続き的知識（何かをする方法や手順）	「ノートをとる際には、先生の話をそのまま書かず、要点を自分の言葉でまとめ直して書く」
③条件的知識（特定の状況や条件でどうするかについての知識）	「自分の知らなかった内容が離されたときに、ノートをとる」 「自分の言葉でまとめ直すことにより、理解が深まる」

このように、最終的にノートテイキング方略がいったい、「どのように効果があるのか、なぜ効果があるのか」を理解し実感できていることが、メタ認知的知識だと説明できる（表5）。

メタ認知的活動（あるいは認知的経験）とは、次の３つの段階①事前段階のメタ認知活動、②遂行段階のメタ認知活動、③事後段階のメタ認知活動、に分けてとらえることができる。（図７）

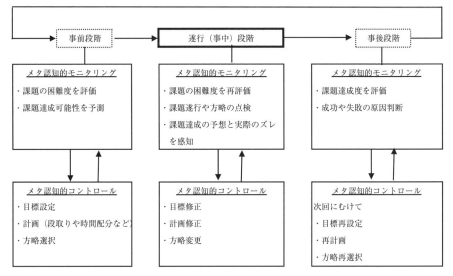

図7　課題遂行の各段階におけるメタ認知的活動（三宮、2018）

　この認知活動のプロセスを、三宮（2018）の理論に沿って本研究の課題にあてはめてみる。まず、事前段階では、「先生の引率が無く、学生３名だけで上手くいきそうか」「社会人との交流は、どれくらい難しいものか」といった事前の評価や予想に基づいて、グループメンバーで目標を設定し、計画を立て、方略を選択する。同時に、既に得た情報（メンバーの認知特性・課題についての知識・課題解決の方略についてのメタ認知的知識）が活かされるだろう。

　遂行段階では、社会人との交流の真っただ中、過度な緊張にある状態だが、人は自分をモニタリングしながら「思ったよりも難しいことではなさそうだ」などと課題の困難度を再評価し、「これでおおよそのヒアリングはできたか」と課題遂行を点検したり、「計画通りには進んでいない」とズレを感知したりというモニタリングを行っている。そこから、目標・計画の修正や方略の

微調整などのコントロールを行うことに当てはまるだろう。

　訪問・交流が終了した事後段階では、緊張が解かれたことによってメタ認知的活動に多くの資源を投入することができる。「計画通りに話を聞けた」「もっと深堀りすべきだった」「遠慮してしまい、写真撮影が充分でなかった」などといった成功や失敗の判断を行い、次回にむけて目標や計画を再構築したり、異なる方略を編み出したりすることができ、次回にいかすという収穫を得る。

　このように、私たちは誰もが、認識能力を基に、それをモニタリングすることによって行動をコントロールし、最適な課題達成につなげようと制御する能力を多かれ少なかれ持っている。三宮（1998）によると、メタ認知に必要な思考の態度・方法としては、(1) 頭の良しあしよりも考え方の上手下手に着目する (2) よりよい解決法を目指す (3) 合理的な考え方を重視する (4) ものの見方・考え方に目を向ける (5) 事象を多面的にとらえる (6) 仮説を積極的に作る、などを示した。また、メタ認知能力を伸ばすには、(1) 思考の方法を学ぶ場としての学校 (2) 仲間との共同思考の場としての授業 (3) メタ認知のガイド役としての教師、といった要素が重要である。つまり、「自分の認知についての知識」だけでなく、「認知のプロセスや状態をモニターしながらコントロールする活動（経験）」が人の発達を支え、それをガイドする教員のサポートが欠かせない。

　ここでわれわれ教員が気を付けなければならないこと。それが、教え過ぎない教育だ。このVUCAの時代は、人間の欲望による戦争、侵略が留まることを知らず、持続可能な社会への問題は山積していくばかりだが、一方で無限の可能性に満ちている時代でもあると言える。このような時代に、学校教育の最上位の目標は何か。中学・高校の教員であり教育改革や子どもの自律などの提唱者でもある山本（2019）は、「さまざまな課題に果敢に挑むことができる自律型学習者（Self-directed student）を育成していくこと」と言っている。この力を身につけるには「教えない授業」が大切だ。一人ひとりの自分でやってみたいという自立へのモチベーションの創出である。これは、先の「自己調整学習」にも通じる。すなわち、失敗を承知でやらせてみる。ある程度、結論が読めたとしても、指導教員である筆者からの教示は、必要

最低限に抑えることを意識し、ファシリテーター（導く人、促進者）に徹した。人は失敗から学び、失敗が学生たちに教えてくれることを信じて、忍耐強く待つことこそが、教員にとってはむしろ辛い。

　それを示すかのように、多くの失敗を経て、学生たちはその数だけ、学びを得た。いわば、plan（計画）・do（行動）・check（評価）、action（改善）という認知活動を意識化して、一歩上から俯瞰することにより、発見した新たな知識を生かして次の機会に応用する。このようなメタ認知的活動による宣言的知識、手続き的知識、条件的知識のモニタリングとコントロールを循環させながら、成長を促進させる環境を用意する。そして、カリキュラムにおける経験学習の循環のスタートを提供し、学び（成功体験）を実感することが、産学連携に比重をおいた本研究の教育プログラムのもう一つの目的であった。

学生がもたらした成果資料

　では、実際にどのような意見があったのか、本プログラム受講生（Aゼミ）が受講後に回答したアンケートの自由記述欄コメントを示す。

　問26. 今後、将来にむけて自分をどのように成長させたいですか。（記述式）改善点とその対処法を教えてください。

更にコミュニケーション能力を磨きたい
遅刻しないようになりたい
これから資格を取ったり、就職活動など、いろいろありますが、自分の視野にとらわれず、広い見方ができて、社会に貢献できるようになりたいです。
提出期限を守れる人になりたい。友達を作れるようにコミュ力を上げたい
人見知りを無くすために、人と関わりを増やそうと思う。
主体性に欠けていることが自分の最大の改善すべき点であると考えている。その対処法として、もっと自分に自信を持つことを意識したいと考えている。自分の意見を積極的に言うようにしたい。
私は計画は立てても計画通りに実行できたことがないので、通しての計画を立てるというよりは1日中の小さい計画をつくり達成していく方が向いていると思った。

自分は心配性なのでチャレンジがなかなかできないことがあるのでまずは何事にも挑戦する気持ちを持って普段の生活をしていくことが大切だと思います。

もっと活力のある人間に成長させたい。その対処法として周囲の先輩、先生、同級生に積極的に話しを聞いたり遊んだりして活力を得ていきたいです。

人としては付き合いたくないけど、こういうところはいいよねって思えるようにして行きたい。対策は周りをしっかり観察すること

資格を取りたい

もっと他の先輩や先生との交流をとって、今後の大学生活の情報をつかんでいけたらなと思う。

苦手意識のある発表に対して、十分に事前準備を行い、自信を持って発表できるようになりたい。

提出物を期日ギリギリに出す事が多いので、早めに終わらせて時間を効率的に使えるようになりたい。

将来は、コミュニケーション能力を向上させたい。私は、自分から話すことは少なく、相手の意見を聞いてから発言することが多いので、自分から積極的にコミュニケーションを取っていきたいと思います。

人と協力して目標に取り組めるようになりたい

改善点：積極的になりたい　対処法：人と話せるようになる

27．基礎演習（ゼミ）でのあなたの成果を感想とともに教えてください。

忙しかったが、やりがいを感じた。

班のみんなで協力してできてよかった。

企業さんのお話を聞いて、自分の狭い社会の見方がとても広がったと思います。今後の生活に役立てたいと思います。

友達じゃない○○くんとも仲良く出来ました、楽しかったです。どこの班よりも私たちの班がいちばん仲良かったと思います。

グループで協力するという点で協調性を学べ、人前の発表やインタビューをやった後の達成感をえて、このゼミを選んで良かったと思いました。

グループで1つのことをやり遂げるということが苦手であり、事業所訪問の成果をうまく発表できる自信がなかったが、本番ではまとまった発表ができて良かった。発表前に体調不良でスライド作成を任せきりにしてしまったが、それ以外では話し合いによって協力して作業を進めることができたと考える。この授業で、少しは自分に自信がついたと思う。

今回のゼミで初めて企業に赴いてインタビューをしてみて、とても緊張してうまくまとめられるか不安だったが、グループで協力しあいそれぞれで役割を分担しながら良い物が出来たと思う。

このゼミで企業の訪問が出来て大人の話を聞くことで働くことの大切さややりがいなどを感じることが出来、自分の将来にいかせると思います！
発表自体はなんとか成功できて社長さんにも褒めていただいたが、それまでの過程であまりグループで協力できてるという自信はなかったので、これからは指示待ちではなく、自分から行動する癖をつけたいと考えてます。
発表はいい感じにできてとても良かった。
企業取材を通して様々な企業を知ることができた。実際に現地に行って自ら取材を行うことでより理解を深めることができた。この基礎演習を通して社会に出た時に必要となるスキルを身につけることができた。
中小企業への訪問や発表会などで、どうしたらいいか悩んだり、手間取ったことが多かったが無事に終わらせることが出来たのが1番の成果だと思います。
3人の意見をレポートやスライドといった形にする役割を担当して、様々な工夫を行うことで達成感を得られた。特に、発表の台本を紙で作ったことは、グループ全員にとっての安心材料になり、自信を持って発表するための準備になったと思う。連絡をとりながらの作業や、違う意見の人と一つのものを作ることに対して難しいと感じることもあったが、自分にはない意見をもらうなどグループ活動ならではの学びもあった。インタビューや企業の方とのメールでの連絡を経験することができ、社会に出てから必要となるものをいま経験できて良かった。
企業の訪問インタビューでは、質問内容などしっかり用意したので、スムーズに行うことができた。
この後期のゼミで、仲間の大切さを実感できました。授業中のたわいのない会話から仲間ができ、何事も上手く成功させることができました。後期のゼミは、毎週楽しく活動することができ充実した時間を過ごすことができました。
人と接するのが苦手で、昨日のプレゼン発表ではメンバー2人が欠席するなど、予期していなかった事が起き、焦りやショックが大きかったものの、やり遂げたことは間違いじゃなかったと感じました。半年間という短い間でしたが、ありがとうございました。
多方面からの視点を得ることができた

　以上のコメントからは、他者とのかかわり、集団で協力するさま、苦労した様子、人の前で意見を述べるなどのコミュニケーションに関する課題についてメタ認知を得ていることが想定できる。集団だからこその協力や対立など、さまざまなことがあった中での、企業訪問とレポート等の成果物の発表は、一様に手ごたえを感じつつ、内省が進んだ結果、自尊感情が育まれたといえるのではないか。

　次に、評価課題として、受講生が作成したレポートを班毎に載せる（五十音順・敬称略）。

＜株式会社イーエスプランニング＞

650-0044 〒神戸市中央区東川崎町１丁目３番３号
神戸ハーバーランドセンタービル９階

人文学部1年　A.S, S.M, T.N

選ばれ続ける会社であるために

1：訪問理由

　車を持っている人たちは、必ずと言っていいほど街中などにある駐車場を利用したことがあると思う。両親の車に乗って移動した経験が多い私たちは、身近な存在にもなっている駐車場の経営や、コロナでの影響は大きかったか、などについて興味がわいたため、今回の事業所訪問で、駐車場経営をしている㈱イーエスプランニングを選んだ。

2：㈱イーエスプランニングの成り立ち

　イーエスプランニングを訪問して、詳しい事業内容について聞いたとき、一番驚いたことがある。それは、元々駐車場経営をしていたわけではないということだ。設立当初は、設計施工を中心としていた事業だったのだが、阪神淡路大震災の影響で先取り建設をするようになり一時的な売上はかなり伸びていた。だが、建設事業が次第に落ち着き始めると、売上も徐々に伸び悩んでいくようになった。そこで売上が思ったように伸びず普通なら諦めるようなところを、新しい事業にチャレンジして、現在の駐車場経営という形を確立していったのだ。

　このような考え方は、今の私たちの将来に役立つと考えている。何事にもチャレンジしていかなければ、出来ることが少ないままである。なにかに失敗した時も、チャレンジする精神があれば、臨機応変に対応もしやすくなるだろう。

　イーエスプランニングは兵庫県の様々な場所に事業展開しており、現在は141ヶ所もの駐車場のサポートを行っており、兵庫県ナンバー１の実績を誇っている。その他にも、駐車場経営だけでなく、賃貸事業のサポートや開業サポートなども行っており、幅広い事業を展開している。

　まとめると、震災によって元々行っていた建設業務に大打撃を食らったイーエスプランニングだったが、今まで建設してきたものを活用すればいいということで、駐車場経営に業務を移行したということだ。

感想

　当日まではスムーズに質問できるのか、うまく会話を交わせられるのかなど、不安な部分が多かったのですが、取材の時に、こちら側の将来の役に立つようにと「とにかく　喋ってみることが大事」などと教えて頂いたり、質問した時も質問した以上の答えを頂いたりなど、イーエスプランニングの方たちがとても優しく接してくださったので、安心して取材に励むことが出来ました。　（A.O）

3：㈱イーエスプランニングが行っている SDGs の取り組み

イーエスプランニングが主に行っている SDGsの取り組みは４つ
目標

- ・7、エネルギーをみんなに そしてクリーンに
- ・12、つくる責任 つかう責任
- ・13、気候変動に具体的な対策を
- ・14、海の豊かさを守ろう

具体的な対策

- ・蛍光灯からLEDに変える
- ・ゴミの排出を減らす
- ・電気消費量の減少

1年間のエコの目標を立て、そこから1ヶ月ごとの目標を割り出している。

　栄町のクリーン作戦といったエコ活動に参加したり、週２回、社員全員で会社の清掃を行ったり、節電を心がけていたりなど、ＳＤＧｓの取り組みには積極的に取り組んでいる。2022年には、「ひょうご産業SDGs推進宣言企業」として登録されており、ここからもSDGsへの取り組みをしっかりとされているということがわかる。

感想

　最初は日程調整が上手くいかなくて、不安がありました。しかし、取材日当日にイーエスプランニングさんはとても温かく迎えてくださり、私達も明るく取材することができました。気さくな方ばかりで、楽しく取材を終えられました。　（T.N）

4：コロナ禍での影響について

　株式会社イーエスプランニングのコロナ禍での経営はどのようなものなのかを、調査した。様々な企業がある中で、B to C（business to customer）ビジネ

社長と社員の方々と記念撮影

スである　イーエスプランニングは、新型コロナウイルスの影響をまともに受けた。新型コロナウイルスの影響で人、ものの動きが止まり、度重なる緊急事態宣言とまん延防止により、様々な行動が制限された。緊急事態宣言、まん延防止などの政策により、都会の売り上げがコロナウイルス流行以前の半分になった。しかし、街中の月極などで売り上げを確保した。また、コロナウイルス流行から3年目には売り上げを90％まで回復させ、今期は過去最高売り上げを記録した。

感想

　企業取材をするための工程や準備は思っていた以上に大変で不安もありましたが、実際にイーエスプランニングを訪問してみて、経営のことだけではなく起業までの経緯など貴重な話をたくさん聞くことができました。また、実際に自分たちが会社に訪問させていただくことで、会社全体の雰囲気なども感じることができ、より理解を深めることができました。用意していた質問にも時間をかけて丁寧に答えていただき、とても良い取材をすることができました。（S.M）

5：まとめ

　今回イーエスプランニングを訪問して、私たちはチャレンジすることが大切だということを学んだ。震災によって落ち込んだ売り上げも、事業を違うものへと移行する思い切りの良さがあったおかげで立て直すことができ、今となっては駐車場経営で兵庫県1の企業実績がある。

　こうして言葉にして書き上げていくほど、イーエスプランニングの企業努力が大きいのだなと実感することができた。（A.S）

＜株式会社いづよね＞

お米のおいしさを
広げるために

人文学部　1年　K.S, K.I, S.K

所在地：〒657-0034
　　　　兵庫県神戸市
　　　　灘区記田町2-3-18

（写真1）商品陳列の様子

米に対する想い

　(株)いづよねでは、「いづよねを通してお米の良さを知って欲しい」という代表取締役の川崎恭雄社長（以下、川崎氏と表記）の思いのもと経営されている。その思いは、2005年に川崎氏が化膿性脊椎炎を発症し、生死をさまよった体験から身をもって実感したことにある。

　ある日、背骨に菌が入って筋肉が化膿し、高熱と激痛が起こる。検査の結果、炎症反応の数値は通常の700倍にも跳ね上がっていた。入院中、両親には医者から「良くて下半身不随、悪くて…」と告げられた。立つ事も座る事も許されない絶対安静の寝たきり状態が続いていた中、免疫力を上げるために玄米・カルシウム・ミネラルを中心とした食生活に変更したことで、奇跡的に回復することができた。「米屋の息子が、お米で命を助けてもらった。こんな幸せな出来事を僕が独り占めしたらバチが当たる。この不思議な出来事やお米の美味しさと楽しさを皆さんに伝えるのが僕の使命だ！」と思い、現在、米が持つ免疫力の素晴らしさを広めるための取り組みを多方面から行っている。具体的には、米屋さんでは珍しいSNS動画配信を行って、おいしく炊く方法を紹介したり、子供たちに美味しいご飯を食べて笑顔になってもらうために、地域の保育園に通っている保護者や先生方に美味しい米の炊き方のセミナーなどを開いたりしている。このように、多くの人においしく食べてもらうための活動を幅広く展開している。しかし、最近では特に、米穀を食べる人が少なくなっているという現状がある。

日本中のご家庭をお米で笑顔にしたい！

　このキャッチコピーを掲げ、いづよねでは様々な工夫が行われている。店の内装にもお客様に笑顔になってもらいたいという思いが表現されている。例えばカウンターを舞台に見立てていたり、歌舞伎の定式幕（じょうしきまく）のようなデザインが採用されていたりと、お笑いや落語をイメージさせる内装デザインとなっている。内装には主に暖かい色合いが使用されているため、入店しやすい印象を受ける。この内装デザインには、「お客さんが笑顔で来て帰れるお店」にするという思いが込められており、気持ちの良い接客とともに、暖かい雰囲気の店内で買い物を楽しむことができる。（写真1、2）

（写真2）落語会をイメージした内装

　いづよねではお客様を一番に考えていることから、次のことを実際に心がけて行っている。それは川崎氏自身の好みの米を社員やお客様には敢えて伝えないようにしていることである。なぜなら、川崎氏の意見に社員やお客様が引っ張られてしまわないようにするためである。お客様一人一人に合った商品を選びたいという思いがあるため、お客様の要望を聞き出すことを優先しているのだという。それによって、お客様の好みの硬さや予算などの条件に合わせて、お客様一人一人に対して丁寧に提案することができる。このように、自信のある厳選した米を売っていることから、立ち話や口コミで広がることが多い。今後も信頼して頂けるお客様の声から、いづよね、そしてお米のおいしさやすばらしさが伝わり、世界中に広がることを願っている。

SDGs達成についての取り組み

SDGSに対する考えについて川崎氏は次のように述べている。「稲作そのものが二酸化炭素を吸収し温暖化を抑制することから、米穀自体が『エコ』である。ほかにも、米を入れる袋はプラスチック製の袋ではなく、紙製の袋を使用していることから、以前から環境に配慮してきた。」

一方、いづよねのホームページを開いた際、社員の笑顔が多く掲載されており、アットホームな印象を受けた。インタビューでは、社員が働きやすい環境をつくるために川崎氏が実際に行っていることや心掛けていることを聞くことができた。例えば定期的に社員と面談を行い、向かい合って話すようにしている。そのほか産地訪問をする際には、ロッジを借りて社員同士の交流を深めるといった機会を設けている。採用面接では、入社前と入社後の温度差をなくすために、常日頃から着飾ることなく、等身大の自分で人と接することを意識している。このように、働く人が「働きやすい」環境を整えるための社長としての取り組みを知ることができた。

いづよねの挑戦

いづよねが今後挑戦していきたいことについて話を聞くことができた。現在よりも多くのお客様にいづよねを通してお米を食べてもらえるように、ネットショッピングの幅を広げようとしている。また、ノベルティとして「名刺米」（写真3）といった、企業の名前や写真が印刷されているものの販売を始めている。米は、腐らないことから贈り物として大変喜ばれるものだという。名刺米は、受け取った人のお米を食べるきっかけになるだけではなく、企業の印象も残りやすいという利点がある。このアイデアに、なるほどと感動した。

（写真3）名刺米

働くとは

　最後に、川崎氏の働き方に対する考え方として以下のような話を聞くことができた。仕事は、ライスワーク（食べるための仕事）から始まり、ライクワーク（楽しむ仕事）、ライトワーク（輝いて見える仕事）、ライフワーク（生きがいとなる仕事）と変化をしていくものであるという。また、経営理念を共有し、大切にできる人たちと仕事をするようにしているという。川崎氏曰く、「やりたいことと職業が同じだから仕事に対して苦労と思うことはない」。この言葉から、川崎氏が仕事に対する誇りとやりがい、楽しさが伝わってきた。同時に、忙しさや困難があったとしても、それらを感じさせないほどのお米に対する思いの強さを感じることができた。今回の取材を通して、特に人と人との関係を重視するいづよねの働き方は、「働くことの意味」を深めることができる貴重なものとなった。また、自身のやりたいことを仕事にすることが原動力となり、仕事に対する誇りとやりがいにつながることを学ぶことができた。

　　参考資料
　　笑顔の米屋【いづよね】ホームページ https://iduyone.com/
　　　　(2023年1月5日確認)

＜株式会社　鍵庄＞

一番摘みの海苔を
提供し続けるために

人文学部1年　Y.O，K.M

所在地：
〒673-0037
兵庫県明石市貴崎 3-21-28

写真1　鍵庄が誇る一番摘み明石海苔

1.　鍵庄の誕生
　鍵庄は明石で生まれた。日本有数の豊かな漁場であり、のりの産地としても名高い明石の海。鍵庄は明石にこだわり、明石のりとともに歩んできた。
　明石海峡の激しい潮の流れの中で育まれたのりは、肉厚で独特の食感を持ち、自然のうまみをたっぷりと含んだ海苔である。

2.　事業内容
　鍵庄は創業45年の海苔を扱っている会社である。地元漁師が養殖し収穫した海苔を入札で仕入れ、加工し成形し販売している。正社員は26人、そのうち3人が女性である。パートを含めた男女比は1：4で女性が多く、年齢層は45から50代の方が多い職場である。

3.　こだわりの一番摘み明石海苔
　鍵庄の強みとして、一番摘み明石海苔を販売している。一番摘みの明石海苔は全体の3〜5％しか取れない貴重な海苔であり、品質が良く、味が良いものだけに特化している。お茶でいうところの新茶にあたるとても貴重なものである。肉厚でパリッとした歯ごたえと、新芽特有のとろけるような食感を持った良質ののりが出来上がる（写真1）。
　また、販売経路が多く量販店やお土産、寿司店、店舗販売や電話、WEBなどを

通して、法人向けと個人消費者向けの両方の販売経路があることにより、会社として減収と増収があったもののコロナにより売り上げが落ちることはなかった。そして、人づてによるおすそ分けなどで新しい客によって、さらにリピーターを増やすことで、より多くの人に鍵庄の海苔を手に取って貰えるとのことであった。

4. よい商品を作るために

このような強みがある反面いい商品を作り続けるためには大変なことも乗り越えていかなければならない。海苔は年々取れなくなってきており100億枚取れていたものが今では60億枚ちょっとになっている。それは自然の条件であり自分たちで保証することができない。

鍵庄が量も重要視していることが、良質な海苔の維持である。1つ1つの商品の出来について気をもむらしい。よって、異物による不良品を避けるため、海のゴミ拾いなども積極的に行っているそうだ。

5. 漁師たちの思いを乗せて

寒さの厳しい冬に凍えるような海の冷たさと激しい潮の流れの中、海苔の摘み取りははじまる。厳しい自然に立ち向かい、夜明け前から海へと出かける漁師たちは、どこにも負けないのりになるようにと愛情を注ぎ続けてきている。鍵庄では、海苔一筋の経験と知識に裏づけされた職人たちの確かな眼が、最適な海苔だけを厳選し、鍵庄独自ののりへと仕上げる。それを支えるのは、熟練の技、そして従業員一人ひとりの想いである。海苔一枚一枚にまごころを込めて作ることにより本物のおいしさを提供することができる。

6. 地域とのつながり

大変なこともたくさんある中で、仕事へのやりがいも当然ある。鍵庄ではお客様との距離が近いということがやりがいにつながっている。お客様と距離が近いことに よって直接意見を聞くことができ、お客様が喜んでくれれば真面目に作ってよかったなと感じる。鍵庄は地域とのつながりが強く「地域の物を地域の人で作り、売り、食べてもらう」。このような地産地消ができるのは地域の人とのつながりが強いためだと感じる。鍵庄では明石市だけでも1万4000世帯が鍵庄の会員となっている。本物の海苔の味わいを、一人でも多くの方にお届けしたい。この変わらぬ想いが、鍵庄のおいしさへの情熱である。「明石の一番摘み」だけを厳選し、独自の製法で丁寧に仕上げることにより、ほのかな磯の香りと心

地良い食感。思わず微笑んでしまう、どこか懐かしい味わいを実現できるのは鍵庄だからこそお届けできるのだ。

7. 新しい可能性を求めて

　次に、鍵庄ではポルフィラン事業というものがある。海苔の成分であるポルフィランは、特に保湿に優れている。ボディーソープ、保湿ジェル、フェイスソープなど化粧品分野での商品開発に発展させいている。それだけではなく、水中眼鏡に使われていたりするのだ。水中眼鏡にポルフィラン入りの薬剤をコーティングすることで、曇り止めの効果を発揮する。また、ポルフィランは海苔だけに含まれる水溶性食物繊維である。ポルフィランは、紫外線や渇水から海苔の細胞を守る役目を担っており、糖質の約80％、海苔全体の約30％を占めているそうだ。このように、ポルフィランは体にも環境にもやさしい成分であり、鍵庄は多角的に商品開発に役立てていることがわかる。

写真2　鍵庄が誇るポルフィランの化粧品

8. SDGsへの取り組み

　鍵庄では、第一次産業者である漁師の方たちが収穫、整形した海苔にしっかり値段をつけて買うということを大切にしている。なぜなら、1次産業に関わる人がいなければ海がどれだけ豊かであっても収穫がなく商品を作り、売ることができないからだ。よって、第一次産業の人が栽培し収穫した海苔に値段をつけて買

い、売る、そして第一次産業の人に返す。この関係性が、商売を続けるうえで大事になってくると言う。

9. 鍵庄が目指すもの

　鍵庄の経営理念である「笑和」。良い「ものづくり」を通じて「人・社会・環境」と調和するため、共に有意義で笑顔になるつながりを広げる。「笑和」の笑は笑顔、和は調和である。

　「笑和」を目指すために安全性、品質、技術、対応力、役に立つ力を磨く。主体性と能力を持った個人同士が援助しあう「真の和」を大切にする風土を作る。継続させていくものと変化させるものを常に考え「時代に合う価値」を提供し続けることを大切にしている。

10. インタビューに行った感想

　私たちが今回、鍵庄さんを訪問し一番感じたことは、量よりも質を大切にされており、地域に密着した形で鍵庄の魅力を届けているのだと知ることができた。また、「繋がり」を感じることが多々あり、第一次産業者である漁師の方々に返すという関係性は、「繋がり」という面ではとても大切だと思った。

　参考文献
　　鍵庄公式ホームページ ―ご贈答にぴったり！　こだわりの一番摘み明石海
　　　　苔なら鍵庄、ポルフィラン事業部　https://www.kagisho.co.jp/
　　　　（2023 年 1 月 13 日確認）

＜株式会社神戸サンソ＞

かかわる全ての人が
笑顔でいられるような会社

人文学部1年　M.A,　Y.Z,　M.T

所在地：
〒658-0025
　神戸市東灘区魚崎南町
　3丁目2番2号

写真1　酸素の運搬

1. 会社概要

　株式会社神戸サンソは、昭和41年10月5日に法人設立された医療用酸素を取り扱う会社である。大正13年5月5日に現代表取締役社長の祖父が神戸酸素商会を創立し、医療用ガスの販売を開始したのが始まりである。これが現在の株式会社神戸サンソの前身である。業務内容は次の通りで、医療用酸素やそれに付随した医療機器の提供、病院の酸素配管設備の工事、メンテナンスを行っている。ここでは主に病院の入院患者に対する商品の提供を行っている。次の写真1は実際に医療用の酸素を運搬しているところである。

　株式会社神戸サンソは他にも、株式会社まんぼう、株式会社サンメディカル、株式会社グリーンテクノスといった複数の会社を同じ企業グループ内に持ち、それぞれ違った方向から医療用酸素を中心とした事業を行っている。

　株式会社まんぼうでは、病院ではなく在宅医療や介護に焦点を当てた事業を展開している。自宅や外出時に使うことができるよう、携帯用の酸素ボンベをレンタル販売している。

　株式会社サンメディカルでは、病院内と病院外の区別なしに医療用ガスを中心とした事業を展開している。他にも、産業用や食添用のガスも取り扱っており、ガス関連の事業を幅広く受け持っている。いわばガス関連の事業を総合的に行っている会社である。

　株式会社グリーンテクノスも、上記の会社と同様に医療用酸素関連の事業を行っているが、その対象が動物病院だということが特徴的である。動物の手術や

入院にも当然ながら酸素は必要であり、それを提供するのがこの会社の役割である。 （表1）

表1　それぞれの会社概要

会社名	事業内容
(株)まんぽう	在宅医療・介護用の携帯用酸素ボンベの提供
(株)サンメディカル	ガス関連の事業全体
(株)グリーンテクノス	動物病院における医療用酸素の提供

　これらのグループ会社において特に合同で行う事業はなく、それぞれの事業領域内での仕事が主だが、複数の会社の契約先の病院が同じであることはよくあるという。その場合は協力して営業活動をすることもある。

2. 女性にとって働きやすい環境づくり

　株式会社神戸サンソでは何十kgもする酸素ボンベを扱うため男性の力が必要になるが、女性も多く働いており主に内勤で電話対応や書類の作成をしている。しかしそれは「男の仕事だから」や「女の仕事だから」として線引きしているのではなく適材適所での対応を行っているのだ。そこで女性が働きやすくなる制度である産休と育休について話を聞いた。今回聞いた女性社員の2人はどちらも産休と育休をとったことがあり現在は仕事に復帰していると答えた。育休後も勤務時間を短縮できるため仕事をしながらでも子どもを優先することができ女性社員にとってとても働きやすい環境だといえる。そして家庭とのメリハリをつけられ、仕事が子育て中の息抜きにもなるそうだ。このように産休や育休をとることはあまり難しくなく周りもサポートを行っている。しかしそれは昔からそうだった訳ではない。産休や育休の制度自体は元からあったが周りの空気感や不安感から実際使う人はいなかったそうだ。世の中の変化をきっかけに会社側も女性社員に教えてもいながら変えていったのだ。そして育休や産休だけでなく介護休暇や有給などほかの休暇も誰でも取れるよう全員で協力するという気持ちで改善点を考えているそうだ。しかし現状、女性社員と違い男性社員は担当エリアがあり抜けにくいため対応を考えているところだそうだ。

3. 岡野氏の言葉

　インタビュー中、株式会社神戸サンソ代表取締役の岡野洋太郎氏が言っていたことの中でいくつか印象に残っているものがある。実際に2名の女性社員に仕事の

やりがいについてインタビューしていたときのことだ。女性社員は仕事のやりがいについて「自分が会社でやっている仕事が現場のこういうところに繋がっていると確認できること」だと言っていた。その時岡野氏は「なんのためにこの仕事をやっているのかが見えていることが大切。ゴールが見えていれば、そのゴールに向かうまでの計画を立てることができる。」と言った。むやみやたらに目の前の事をやるのは終わりが見えず苦しくなってくる。ゴールが見えているからこそ目標に向かうための計画が立てられる。計画を立て、その通りに実行し、やり遂げることができたというモチベーションが仕事のやりがいへと関係しているように感じた。

　また、会社にどのような人材を求めているかという質問に対して岡野氏は次のように答えた。「明るい子と、怖がりな子かな」。その表現に驚きを隠せなかった。それらは真反対のように感じ、違和感を覚えた私たちに岡野氏は言葉を続けた。「患者さんと接する機会がある仕事だからもちろん明るい子の方が患者さんも安心してくれる。あと、いい意味で怖がりな子も。仕事ってどうしても続けていると慣れが出てきて流れ作業になってしまう。そうするとミスが多くなる。例えば、患者さんに提供する医療用酸素ボンベのバルブを開ける仕事も、怖がりな子だと開けたっけ…と不安になったらちゃんと確認しに行く。やっぱり命を扱う仕事だからちょっとのミスが致命傷になる。だからこそ怖がりな子を求めている」。怖がりというとどうしてもマイナスイメージという印象が強かったが、今回のインタビューで自分が思う短所は、慎重や責任感となり、長所になりうることを知った。

　最後に、印象に残っている岡野氏の言葉の中で最も心に残ったものを紹介する。

「社長ってこの中で一番何にもしてないんですよ。ちゃんとした業務は社員にしてもらっていて。僕が思う社長の仕事は環境整備をすること。もっと社員が働きやすくするためにはどうしたらいいのか。ある意味終わりがない仕事。この終わりがない仕事を社員から学びながら一緒に考えている」。

4. 最後に

株式会社神戸サンソはお互いに教え合い協力し合うことを大切としている会社だと今回インタビューをして感じた。それには、株式会社神戸サンソで働いている1人1人自身がどうしたいのか、どうなりたいのかというゴールが明確に見えている状態で計画を立てられていることが関係しているとインタビューの中で思った。

お互いに目標がはっきりしているからこそアドバイスができる。インタビューをさせてもらった女性社員の方もおっしゃっていたようにやりがいを感じることのできる職場だと素人目ではあるが、私達から見ても思った。

今回、初めてインタビューをすることになり緊張し不安だったが、代表取締役の岡野洋太郎氏やインタビューに協力してくださった女性社員の方々を含め、とても温かい雰囲気で話しやすい環境をつくってくださった。そのおかげで徐々に緊張もほぐれ、楽しくインタビューを行うことができた。初めての企業インタビューが株式会社神戸サンソで良かったと心から思っている。

会社の入口で記念撮影

＜株式会社ネクストページ＞

神戸事務所
〒651-0085 神戸市中央区八幡通 1-1-14 IPSX SOUTH 501

人文学部1年　K.O,　D.K,　S.I

働くというのは、人と接することから始まる

1.　はじめに

　今回、私たちは神戸を中心にウェブサイト制作事業を行っている㈱ネクストページに訪問した。訪問ではインタビューを通し、仕事の特色や私たち生徒の視点から答えを導き出すことが目的である。訪問前には会社に対するイメージとして『かしこまっている』や『にぎやか』など、それぞれが違うイメージを持ち、インタビューに臨んだ。緊張も薄れないまま、社内に入ると社員の方々は温かく迎えてくださった。

2.　インタビュー

　インタビューでは、㈱ネクストページの概要や仕事のやりがいなどについて尋ねた。初めにどうすれば就職できるのか？について伺うと、「ウェブ制作に興味を持つことや好きという気持ちが重要で、仕事における役割分担があるのでコミュニケーションが必要」だと回答された。続けて、㈱ネクストページの強みについて伺うと、「ディレクター、エンジニア、デザイナーなど様々な職種を持っている人が多いので、一社で仕事を完結できる」と回答された。ここで驚いたのが、㈱ネクストページがウェブサイト制作事業専門の企業だと聞いていたからである。そこで事業についても伺うと、代名詞であるウェブサイト制作はもちろんのこと、デザインの制作やシステムの開発、広告に　マーケティング企画・戦略などウェブに関して多岐のジャンルにわたるサービスを展開しているとのこと。WEBサイト制作だけではないのだ。また、事務所は神戸に留まらず、京都や東京にも支所があるという。

　そして、その後は下記のような質疑応答が続いた。

Q,　社内の雰囲気を教えてください
　　A,　　神戸の事務所では女性が多く、柔らかな雰囲気。

京都は新人が多く、東京は男性が多くにぎやか。

全体的にやさしい人が多い。

Q, 社員の年齢層はどのようになっていますか

　　A, 20代の人が多く、役職者も同様でコミュニケーションがとりやすい。

Q, 仕事をする上で大切にしていることはなんですか

　　A1, 仕事を楽しんでする（興味関心を持って行う）

　　A2, 言葉のやり取りでニュアンスを間違えないようにする。

　インタビューの中で最も印象に残ったのが「仕事で一番の失敗は何か？」という質問である。聞きづらい質問だったが意を決して、質問することにした。すると、社員の方は「お客さんとのコミュニケーションの中で言葉のニュアンスに行き違いがあった」ことだという。この話を聞き、私たちは人と接する場面が主にSNSなど、実際に人と話す機会が少ないために学生生活や今後の人生においても"行き違い"が起きないよう、気を付けなければならないと強く感じた。

3. 株式会社ネクストページとは

　以上を踏まえて、㈱ネクストページについてまとめると

①神戸、京都、名古屋、東京、ミャンマーを拠点にwebサイト制作を行う。

②webサイト制作以外にも広告やパンフレットの制作も請け負っている。

③国内にとどまらず、国外のエンジニアと連携した制作実績。

その他も含め、一つの枠に収まらない規模を持つ会社だった。

4. まとめ

　インタビュー中に、私たちから意見を募ってくださるなど、嬉しい場面もあり、私たちは㈱ネクストページについて、それぞれ違った印象を抱いていた。しかし、その中でも共通して意識させられたことは、『働くというのは人と接することから始まる』という点である。このインタビューを終え、振り返ってみると、インタビューに協力していただいた㈱ネクストページの社員さんや、インタビューにおいて様々な点でサポートしていただいた先生、間接的に一連の流れでかかわった人も含めると、数えきれないほどの人たちが私たちを支えてくださったのだと気づくことができた。さらに、コミュニケーションの重要性と集団活動の必要性を学ぶことができた。（全文、K.O）

記念撮影（中央3名が私たち）

質疑応答の様子

＜株式会社フナビキ工務店＞

神戸を創ることで
SDGSの達成を目指す

人文学部1年　S.K（N.K，Y.K）

所在地：
〒652-0811 神戸市兵庫区
新開地 4-1-12

健康経営優良法人認定証（経済産業省）

１．はじめに

　基礎演習の新居田ゼミでは兵庫県中小企業インタビューを通した社会学習を行った。今回、私は株式会社フナビキ工務店にご協力いただいた。

２．企業概要

　フナビキ工務店は神戸市を中心に活動している建築工事業者である。創業は昭和56年3月で、現代表取締役社長である舟引大資氏は、二代目である。

３．事業内容

　主な事業内容は３つに分けられている。1つ目はデベロッパー向け事業、不動産向けの建築設計事業で、主に分譲、賃貸マンションの施工が多い。工賃はおよそ３億〜６億円前後が多い。施工期間は１年〜１年半程度。デベロッパー事業がフナビキ工務店の事業の80％を占める。また、フナビキ工務店の事業で最も安定している。２つ目は公共向け事業、公共物の建設設計事業で、主に公衆トイレやバリアフリー工事の施工が多い。工賃はおよそ1000万〜１億円程度の比較的少額のことが多い。施工期間は３か月〜６か月の短期である。公共向け事業がフナビキ工務店の事業の10％を占める。そして、３つ目は自社設計事業、自社が設計し

建築する事業。工場の基礎の設計建築などが挙げられる。工賃は１億円規模のものが多い。自社設計事業がフナビキ工務店の事業の10％を占める。これらの事業が、フナビキ工務店の事業三本柱として確立している。

４．事業計画

　デベロッパー事業、公共向け事業は、事業三本柱のなかでも特に安定している。このことから舟引氏は、自社設計事業をより成長させていきたいと言っている。主なターゲット層は、「元気な高齢者」だ。「元気な高齢者」とは、少子高齢化社会が進む中で、比較的スポーツや趣味などに活動的な高齢者のことを指す。また、フナビキ工務店では国主体で行われた植林活動で得られた木材を、「都市木造」木質化を行い、積極的に売り込んでいくことを計画している。このような「元気な高齢者」と「都市木造」を組み合わせた、新たな自社設計事業として、体育施設の普及を考えている。それは、元気な高齢者を増やし、環境にも優しい事業を展開することであり、社会に大きく貢献できる。

５．営業について

　具体的な活動範囲は明石から阪神沿岸域であり、神戸市を東西にかけて活動している。神戸市を中心に活動していることもあり、取引先とも親密な関係を築くことができ、リピーターを増やすことができる。そうすることで収益が安定する。その恩恵もあって、39期連続で黒字経営を維持することができている。

６．SDGsについて

　人口が減少することで売上げは減少し、税収は落ちていく。経済は縮小し、そうなると会社は雇用を減らし、倒産してしまう会社が増える。売り手である会社が減少すると、GDPも減少してしまうといった負の連鎖を引き起こしてしまう。SDGsを達成するということは、2030年までに会社が存在しなければならないことであり、根本は会社の黒字達成がSDGsにつながる最善策だと舟引社長は話した。

7. 働き方について

　フナビキ工務店では情報の見える化を推進している。情報の見える化とは情報を視覚でえられるようにすることであり、報告・連絡・相談をスムーズに行うことができ、会社の生産効率の向上を図るものである。フナビキ工務店では情報を共有することが、重要な判断材料になると考えており、さまざまな取り組みが行われている。例えば、会社に神戸市のマップを貼り、社員がどこに住んでいるのかを記すことでも、情報伝達や地震などの緊急時に役に立つ。また、会社のモニターに社員一人一人が今どこの現場を担当しているのか表示することで、本来いるべき現場に社員がいないといったミスを防ぐことができる。このように本人にしか分からないような情報を、可視化することで的確な判断を下すことができるのだ（写真1）。

写真1　各現場が表示されるモニター

8. 大企業との違い

　大企業などは、日本全国から海外までさまざまな場所に会社を置いているため転勤が発生することが多い。しかし、フナビキ工務店は地域密着型の会社のため転勤がなく、安心して業務に専念することができる。また、若手の起用方法も

違ってくる。大企業は若手が成長するまで活躍する場を設けないことがあるが、フナビキ工務店は若手のうちから第一線で起用する。若いうちから現場に慣れさせることで、社員の個々の能力が成長し、会社に大きく貢献できるようになるからだ。

９．訪問を通じて学んだこと

今回のフナビキ工務店様への訪問を通して、人と寄り添うことで会社の経営だけでなく、人間関係も良くなると分かった。フナビキ工務店様は神戸中心に活動しており、地域との関係が深まり、会社に対する信頼度も高い。これまで私は、会社の経営とは会社の商品を顧客に売ることで成り立っていると思っていたが、商品を顧客に売るだけではなく、顧客との人間関係を築くことが会社の経営に関わってくると分かった。商品を顧客に買わせるには、その商品の安全性や評価が必要となってくる。しかし、他者からの評価もない状態では、顧客が商品に目を向けてくれることは難しい。そこで会社と顧客の人間関係が必要となってくる。顧客に寄り添って、会社の信頼度を高めることで相対的に商品に対する評価も変わってくるということを学ばせて頂いた。

10. おわりに

実際に社会で活躍している企業に訪問するという貴重な体験により、新たな社会の見方ができ非常に良かった。この経験を忘れることなく、今後に活かしていきたい。（全文　S.K）

参考資料
株式会社フナビキ工務店ホームページ　暮らし風景未来をつくる
　　　https://funabikikohmuten.co.jp/ （情報取得日 2023 年 1 月 16 日）

＜株式会社ブレスト＞

平野センター
〒651-2251 兵庫県神戸市西区平野町下村283-1

人文学部1年　R.S, M.F, K.G

フードロスと戦う会社、ブレスト

1．概要

　株式会社ブレストは、2009年に設立された神戸市西区の企業である。野菜の卸売業を中心として、農家の売上拡大を支援する事業を展開している。ファミリーマートや石井食品などの企業や、給食、スーパーなどさまざまなところに野菜を卸している。

2．他の企業との相違点

　他の企業との相違点は、仲介業者をなくしている所である。こうすることによって、取引している農家と直接連絡を取ることができる。また、市は相場制で、現状農家が儲かる仕組みではない。しかし、㈱ブレストでは農家と一緒に価格を決めるため、農家の利益を最大化することができる。以前は農家が作った野菜を㈱ブレストが消費者に提供するだけだったが、3年前から㈱ブレストが農家にお願いして条件に

写真1　自慢のジャンボピーマン（右）

合う野菜を作ってもらうという方法を取り入れている。

　例として、ジャンボピーマンがあげられる。この商品は種が少なく、上の方にしか入っていない大きなピーマンである。写真1の左が普通のピーマン、右がジャンボピーマンである。ピーマンの種をとるのが手間、廃棄する量を抑えたいという顧客のリクエストを受け、ある農家に作ってもらうようお願いした。

　このように栽培したことがない作物を作る際に、作り方がわからない農家に㈱ブレストが種屋、肥料メーカーを紹介するという支援をしている。種屋や肥料メーカーは栽培技術を持っており、それを教える。また、無料で土壌検査、肥料

設計を行う。そして農家はその種屋や肥料メーカーから種、肥料などを買う。こうすることで相互利益が得られるのである。

3．株式会社ブレストの始まり

代表取締役の楠木さんはもともとサラリーマンをしていたが、奥さんのお父さんが野菜をカットする会社を経営しており、その後継ぎとして引き込まれたことで農業の業界に入りこの会社を作ることになったのだという。11年間そこに勤めたのち、独立して会社を設立した。

楠木さんは福岡大学の体育学部出身であり、経営はお義父さんの会社で学んだ。しかし、経営者というのは、時代や環境が変わっていくにつれて、それに合わせて経営の仕方を変えていかないといけない。経営指針などを決める際には同友会という中小企業がたくさん集まっているグループで話をして、経営の知識をプラスでつけているという。

大学生である私たちは社長といえば経営学部であるという固定観念があったため、今回のこのお話が全ての学生の希望になればと考える。

4．顧客、農家との契約について

顧客であるメーカーや企業、野菜を作ってくれる農家はどうやって契約するのかを尋ねた。契約してくれる顧客や農家は、基本自分で探すが、飛び込みで探すわけではなく、人伝で増やしていくという。飛び込みで交渉しても成約率は低いが、人からの紹介だと、ある程度の条件はあったとしても話を聞いてもらいやすい。紹介する側も変な人は紹介しないため、信頼して取引ができるということだ。

最初に取引した農家さんの話もしていただいた。この職に就く前に勤めていた会社のお客さんのところに挨拶に行った際に、次は野菜の卸売りをやると伝えたところ、某チェーン店が全国で青ネギが必要になったといわれた。その時にちょうど一軒飛び込みで電話をもらっていた農家に連絡をして、初めて契約をした。そこから農家は人伝で紹介してもらって増やしていったそうだ。

仕事には顧客と契約してくれる一次産業の人たちは必須である。商売を成功させるためには、人間力、人付き合いが大切なのだと学んだ。

5．株式会社ブレストが心掛けていること

5-1　購買方法の変化

近年、新型コロナウイルスによる購買方法、顧客の行動変化が激しいため、㈱

ブレストは会社の規模を拡大するのではなく、小さくても潰れない会社になるように心がけている。対策としては、現在までの事業を延長するだけでなく、環境の変化に合わせられるよう勾配方法を増やす、顧客の行動変化を予測しながら販売するということを行っている。

5-2　社員教育

また社員教育に力を入れている。ここで言う社員教育とは、社員一人一人の考え方や目標を合わせるということである。通常の会社では年に1度しか経営指針書を作成、発表しないが、㈱ブレストでは日頃から指針書の中身を確認している。

5-3　商品の鮮度

加えて入荷した商品の鮮度にも細心の注意を払っている。野菜を入荷、販売するとなるとどうしても物流が絡んでくるが、野菜は生物なので足が早いため傷んでいる場合がある。

例として、兵庫県から遠い沖縄県や北海道からも入荷しなければならないこともある。そういった時には特に傷んでいる商品がある可能性があるため、早急に検品作業を進めなければならない。しかし商品の販売の順番により、すぐに検品作業が出来ないこともある。こう　いった時、商品が傷んでいるのか、はたまたそうでないのか分からないまま、在庫を抱えることになるが、傷んでいた場合、

当然ながら顧客に提供することは出来ない。出荷元に返品しようにも1日から3日経過した後に発覚した傷みは返品することが難しいため、入荷時に必ず検品作業を行うようにしている。これを行うことで顧客のクレームを減らすだけでなく、食品ロスを減らすことが出来る（写真2）。

写真2　検品作業の様子

85

作物の圃場廃棄が多いため、農家が作ったものは可能な限り仕入れるよう心がけている。圃場廃棄とは、出荷されず畑で捨てられている農作物のことである。日本のフードロスは、一日で600万トンといわれているが、実はこの中に農家の圃場廃棄は含まれていない。半年かけて栽培したにも関わらず、見栄えのせいで販売することの出来ない野菜がある。そこで、㈱ブレストは、値段を少し低くして販売先を探したり、見た目は悪くてもカットしてしまえば中身は同じなので、カット野菜、果物として販売したり、日々工夫を積み重ね、食品ロスを減らしながら、気候変動などにも負けない農業の維持発展に尽くしている。

6．まとめ
　今回企業を訪問し、企業インタビューでしか聞けない会社経営の難しさや農業に関するSDGs問題に対する取り組みを詳しく知ることができた。私たちが社会人になる頃には、社会情勢や経営の方法がさらに変化しているかもしれないが、今回学んだことを念頭に置き、今後の自らの生活に役立てたい。

【レポート評価】

　今回は、1 年次生でありながら、学生のみ（指導教員の引率なし）でのグルー
プ活動としての取材活動、いわばフィールドワークであった。まずは、予約
を取るために、ビジネスメール文書を学び、自分たちでスケジュール調整を
させ、緊張の中、ようやく訪問の日を迎え、各企業のご配慮の下、無事に終
えることができた。刺激的だった体験だったものの、どのようにまとめれば
よいのか、暗中模索の中での集団活動経験であったに違いない。そんな中で、
個人の力だけでは成し得ない集団の知恵の活用や、励まし合いの相乗効果に
気づいてくれたことだろう。班内で分担協力しあいながら、リンゲルマン効
果 [13] の集団心理を感じながらも、連携できた班、できなかった班が存在した。
5. 株式会社ネクストページと、6. 株式会社フナビキ工務店の班に限っては、
途中までは順調だったが、最終的には一人で作ることになってしまうという
それぞれが苦い経験となったが、やり切ったほうの学生は、非常にたくさん
のことを学んでいることが、自由記述コメントからもわかる。
　どのレポートも、1 年次生らしく感じたままを率直にまとめ、特に SDGs
に向けた取り組みに興味関心を示し、取材していることが窺える。普段は、
消費者の目線でしか、ほとんど見ていなかった業種について、生産者の目線
になってモノや技術やサービスを提供していく姿を目にしたことは、就職活
動というよりも、さまざまな人生の在り方を理解し、「生きる」ことの視点
が広がったことだろう。また、企業の事業内容と経営手法が、どのような「社
会貢献」に繋がっているか等について、初年次生にとっては非常に関心が高
いということがわかった。その中で、仕事のやりがいや、価値と責任を理解
し、これから自分はどう生きるべきかに繋げるかのきっかけづくりにはなっ
たと自負している。

13　フランスの農学者、M・リンゲルマン（1913）は、人は、必要な仕事をしてく
　れる共同作業者に依存する傾向にあることを発見した。つまり、一人で作業する
　より集団になると手を抜き、発揮する力が減少する、というもの。

産業界からのフィードバック

　授業終了後、連携企業先の各担当者の方々から、本プロジェクトに関して、詳細な意見交換を行い効果と検証を行う時間を対面で持つことが必要であったが、「マスク着用の考え方の見直し（新型コロナウイルス感染症対策本部）」の決定前でもあり、以下のフォームにて回答を求めた。各社のフィードバック回答フォームをご覧頂きたい。当事者のみならず関係各社から、ご意見を頂けたことは次へとつなぐ財産となった。

1 株式会社イーエスプランニング

産学連携事業 地元中小企業インタビュー 探究学習

産業界からのフィードバック 回答フォーム 回答日： 2023年8月10日

貴社名	株式会社イーエスプランニング
担当学生	A.S・S.M・T.N
訪問日	2022 年 11 月 17 日
満足度・本件は成功したと思いますか。	まだ子供らしさをのぞかせる会社訪問時とおそらく練習を重ねた学内での発表時に驚くほどの変化を見ることができました。成功と言っていいのではと思います。
教育効果・産学連携について、ご意見をお聞かせください。	会社を訪問し 実際の事業に触れる体験は 各学年で必要なのではと思います。 何のために大学に行くのか。一義的には 知識、技術を身に付け、学生ならではの体験を積み 社会で活躍する能力を身に付けるためであるはずが、ここの議論、思索の体験が少ないため、磨かれてこない。大学建学の精神についての議論であったり 当たり前のことをもっと掘り下げて取り上げてはいかがかと思う。
学生へフィードバックコメントをお願いします。	自身が何のために 神戸学院大学に入ったのか。大学生活で何をしたいのか。一度 正面から考えてほしい。 ２回生からは 身を外部に向け、社会との関りを意識してほしい。 ３回から社会で活躍する自分を想像しながら業種・会社の研究をして頂きたい。
次回に向けたご提案があればお願いします。	１・２回生だけでなく 機会が増えること期待します。 寄付講座など 経営者による講座も面白いのではと思います。

筆者の返答

　「何のために大学にいくのか」。第２章に示した通り、明確な目標を持つ学生は多くはないのが現状です。だからこそ、早くから、学校外の社会と出口（卒業後）を図る必要があります。神戸学院大学の教育基本理念には、「生涯にわたる人間形成の基点となりうる教育」「生涯にわたり高い専門性を修得できる教育」「グローバルな視点から地域社会の多様なニーズに対応できる教育」が掲げられています。つまり、卒業後をどう生きるかを視野に入れて、大学での学びや専門性を高め、将来に応用していくことに意欲的に取り組む環境を整備していく必要があると、学ばせて頂きました。

2 株式会社いづよね

産学連携事業 地元中小企業インタビュー 探究学習

産業界からのフィードバック 回答フォーム 回答日： 2023 年 9 月 7 日

貴社名	株式会社いづよね
担当学生	K.S, K.I, S.K
訪問日	2022 年 11 月 13 日(日)
満足度・本件は成功したと思いますか。	イベントは大成功だったと思います。いづよねの社内メンバーでは気付かないような、多くの異なる視点が集まり、会社の強みやビジョンを共有できたことは非常に価値のある経験でした。 さらに、若い世代が私たちの理念や想いを知ってもらえたことは特に満足しています。
教育効果・産学連携について、ご意見をお聞かせください。	産学連携は極めて有益な取り組みだと思います。 学生たちが実際の企業経営の側面を学べる機会が提供されるだけでなく、企業側も新しい視点やアイデアを学生たちから得ることができました。 このようなイベントは、産業界と教育界が効果的に協力し合える場として、もっともっと多くの企業、学生が参加してくれたら嬉しいと思います。
学生へフィードバックコメントをお願いします。	学生の皆さん、今回のプロジェクトに真摯に取り組んでくれて本当に嬉しく、感謝しています。 あなたたちのフレッシュな視点と熱意は、いづよねに新しい気付きとインスピレーションをもたらしました。パワポも一生懸命、制作してくれて嬉しかったです。 特に、いづよねの理念に共感し、プレゼンテーションでそれを効果的に表現してくれて、とても嬉しかったです。 今後も学び続け、この経験をあなたたちの未来への糧として利用してください。 また、いづよねに遊びにきてね!!
次回に向けたご提案があればお願いします。	・学生と経営者が直接議論できる時間を、もっと増やしてほしい。 ・もし可能であれば、学生が企業の現場(精米、配達、梱包など)を体感してほしい。 ・模擬商談などを開催して、見積書を作成したり。。。 ・作成時にも企業側から若手社員 1 名(3 年目までの社員)参加させてもらえると、より良いものができるかも。 ・企業側の発表後のフィードバックが、私も含めあたりさわりのないものだったので、もう少し突っ込んだフィードバックができるような work があってもいいかも。

筆者の返答

　若い学生の素直な意見を尊重して頂き感謝いたします。インターンシップ交流に関する先行研究からも、会社組織が自社の業務を洗い出せるなど、改善効果があることが示されています。互いの相互作用があることを示唆して頂き、また、フィードバックの時間の有効性もご提案頂きましたので、次年度は盛り込みたいと考えます。今後は、インターンシップなどを含め教育的な交流が増えるようなプログラムも考えていきたいと思います。

3 株式会社鍵庄

産学連携事業 地元中小企業インタビュー 探究学習

産業界からのフィードバック 回答フォーム 回答日： 2023年5月10日

貴社名	株式会社 鍵庄
担当学生	K.M／Y.O
訪問日	2022.11.22
満足度・本件は成功したと思いますか。	本来は学生が何か身になったかどうかだと思いますので、我々企業側が述べるのもちょっと筋が違うかもしれませんが・・・。 主観だけで言いますと成功半分・失敗半分というところではないでしょうか。 成功＝経験ができた（中小企業に触れたこと、プレゼンできたこと） 最初から逃げずに最後までこの授業に向き合っていたと思います。班によってはちょっと怪しげなところもありましたので。。。 （※以下偉そうに書きますが、教育者ではないのであくまでご参考程度に） 失敗①＝自身の将来とあまりリンクしていなさそう。 確かに訪問企業に対する『取材』ということではあるのですが、企業の表面の活動をなぞっていて、なぜ企業がそのようにしているのかをもう少し深堀りしないと（しようとしない）その会社はそうだよね、で終わってしまう。将来を考え、企業の考え方を理由のレベルで一般化すると、もっと今後の自分たちに生かせるものになるのにと思いました。1年生なのでまだ早いかも知れませんが、早い方がいいとは思います。 失敗②＝感想はあるが考察があまりない これも『取材』の弊害かもしれませんが、『だからこう思う』という部分が少ないように思いました。何かひとつお題があると考える力がもっとついたかも知れません。例）「その企業にひとつ提案するとすればどんなことですか？」
教育効果・産学連携について、ご意見をお聞かせください。	将来を意識させる、社会を知るという意味で良いと思います。 人を育てるという意味での産学連携ももっと一般化すべきかと思います。 後は上記とも被る部分がありますので割愛します
学生へフィードバックコメントをお願いします。	精一杯取り組んでいたと思います。プレゼンも取材としては及第点だったと思います。どんどん考える力をこれからも養っていってください。
次回に向けたご提案があればお願いします。	・予め聞きたいことは先に企業側に流しておいてもいいかと思います ・企業の良いところばかりではなく問題点を聞いていくのもものすごく勉強になると思います （あとは上記にも提案事項に似た部分がありますので本当にご参考程度に）

筆者の返答

　貴重な御意見をありがとうございます。まだ、一方的な受け身の講義しか知らない初年次生に、自分たちだけで取材（フィールドワーク）に行かせることは、非常に勇気が要りました。まだ経営が何たるかも理解が及ばないからこそ、ご教示は、新鮮な学びとなったと思います。学生にとって「経営者に接触して、話を聞いてみる、交流をふりかえる」というプロセスは自分の未来に必要な何かをつかむきっかけとなりました。

91

4 株式会社神戸サンソ

産学連携事業 地元中小企業インタビュー 探究学習

産業界からのフィードバック 回答フォーム 回答日： 2023年 5月 12日

貴社名	株式会社神戸サンソ
担当学生	M.T Y.Z M.A
訪問日	11月24日(木)
満足度・本件は成功したと思いますか。	企業においては、一般的に認知度の低い事業分野に触れていただく機会となり、非常に有意義であった。 また1回生とは思えないほど、事前の準備をしっかりと整え望んでいる姿に触れることで、現代の学生の一所懸命、真面目さを知ることが出来た。 社員がインタビューに同席させていただいた事により、改めて自社を振り返るきっかけとなると共に、自社の強みと弱みを再認識する機会となった。 以上の点から、この取り組みは成功したと判断いたします。
教育効果・産学連携について、ご意見をお聞かせください。	表に見えにくいサプライチェーンの一端を見て頂く事は、社会構造を知る上で非常に有意義であると考えます。 学生と各社の社員が触れ合うことで、お互いの生の声を聴く機会となり、互いの成長にとって寄与するものと考える。 今後はもう少し期間の長い取り組みを実施し、学生の視点から企業への提案につながれば互いにとって非常に有意義であると考える。
学生へフィードバックコメントをお願いします。	インタビュー設計に課題はあるものの、準備をしっかりと行っていることが十分に伝わってきました。 少し答えの内容をご自身たちで想定してしまい、想定内の回答を期待しているように感じられました。
次回に向けたご提案があればお願いします。	講義のテーマ、目的とこれまでの講義概要などが分かれば、受ける側としても準備が出来、双方にとっても学び多いものとなるのではないでしょうか。 ただそれをすると、インタビュー経験としては十分ではないかもしれないので、検討が必要と思います。

筆者の返答

　このチームは、事前準備や作業分担が比較的できており、心配しておりませんでした。学生の様子をよく見ていてくださり、貴重な御意見をありがとうございました。産学連携として企業様への提案や、ともに検討する機会を頂けることは、非常に有難く嬉しく思います。また、事前に、趣旨やねらいなどを共有できなかったことが反省点です。

5 株式会社ネクストページ

産学連携事業 地元中小企業インタビュー 探究学習

産業界からのフィードバック 回答フォーム 回答日: 2023 年 5 月 15 日

貴社名	株式会社ネクストページ
担当学生	K.O さん、S.I さん、Y.K さん
訪問日	11 月 17 日（木）16 時 30 分〜17 時 30 分
満足度・本件は成功したと思いますか。	当日は意欲的に学生さんが質問してくれ、よくコミュニケーションも取れたので、よかったです。 ですが、発表会の日、学生さんのうち二人が離脱してしまっており、うち一人の方もプレゼンの準備がほぼできていない状態だったので少し悲しかったです。 （授業を途中でリタイアするのはよくあることかと思うので、仕方ないですね…!）
教育効果・産学連携について、ご意見をお聞かせください。	地域密着型の企業についてよく知り、代表者クラスの方と話す機会を大学生のうちに得られるのは、とてもよい経験だと思います。 就活のときに、表面的な情報だけで判断することが無くなりそうだと思いました。
学生へフィードバックコメントをお願いします。	一人で発表を準備するのはとても大変だったと思いますが、最後声をかけてくれてありがとうございました! 入社までに様々な業界をみて、社員と話しながらじっくり会社選びしてください!
次回に向けたご提案があればお願いします。	インタビューから発表までの期間をもう少しせばめても良いのかと思いました。

筆者の返答

　温かく3名を迎えてくださいましたのに、2名が続行できなくなり本当に残念でした。私の指導力不足です。全滅覚悟でしたが、発表学生が当日になって、切迫した状況を理解し、これまでとは想像できないような姿で、集中してやりきりました。内容は十分ではありませんでしたが、たった一人での挑戦に対して褒めました。このおかげか、彼はその後、見違えるほど、やる気をだして学業も生活態度も計画的に行動できるようになりました。中断してしまった2名も、ゆっくり成長してくれればよいと長い目で応援していくつもりです。

6　株式会社フナビキ工務店

産学連携事業　地元中小企業インタビュー　探究学習

産業界からのフィードバック 回答フォーム　回答日：2023 年　5 月 12 日

貴社名	株式会社フナビキ工務店
担当学生	S.K 他 2 名（N.K,　Y.K)
訪問日	2022 年 11 月 10 日(木)16:00
満足度・本件は成功したと思いますか。	大変申し訳ないのですが、当カリキュラムの目的を共有できていないため満足度や成功度合いを図る物差しが不明で回答できません。ただ、大学生を社内に受け入れて自社の理念や事業の説明、SDG'sなどの取り組みをお話しする機会をつくっていただけたことはとても嬉しく思っております。
教育効果・産学連携について、ご意見をお聞かせください。	どの地域にも名は知れ渡っていなくても、地域に根付いた優良な中小企業が多く存在しています。しかし、そのような企業を学生が知る機会というのはなかなかなく、就職活動でもやはり大企業や公務員に目が行きがちだと感じています。そんな中、今回のようなカリキュラムは対象が 1 回生であったことも含め、とても良い機会でした。学生においても、地域の企業の理念や事業、そして社員と触れ合うことで、地域でもやりがいを持って働けるという安心感みたいなものを感じてもらえていればいいなと思いました。今後もこのような取り組みを継続してやっていくことで地域の活性化にもつながると思うのでお願いいたしです。
学生へフィードバックコメントをお願いします。	どの地域にも、地域に根付いた優良な中小企業は多く存在しています。企業に出向いてそれを直接肌で感じ、その企業を研究したり分析したりすることで、自分の価値観というものが構築されていくのではないかと思います。今回出向いた企業が、興味・関心のある業界の企業ではなかったとしても、その企業の社風や取り組みを直接触れることができたこの体験は今後の人生に生きてくると思うので、良いと感じたこともそうでなかったことも、そう感じた感覚を素直に受け入れ、また次体験する機会に生かしてください。貴重な時間をいただき、ありがとうございました。
次回に向けたご提案があればお願いします。	この度は、良い機会をいただきありがとうございました。いろいろと制限のある中ではありますが、早い段階から学生と触れ合う機会をいただけることはとてもありがたいので、引き続き開催していただけると嬉しいです。 フィードバックの機会はできればもう少し早い時期の方が記憶も定かでよかったと思います。

筆者の返答

　おっしゃる通り、地元を支える産業を知る、地域活性化につながる中小企業の事業に触れることは、彼らのキャリア形成に間違いなく影響を及ぼします。何も色のついていない 1 年次生だからこその目的をご理解頂き感謝申し上げます。就職活動にありがちな企業訪問とは一線を画し、経営とはどういうものか、それはどのような理念によって支えられているのか、などに気づかせて頂けた貴重なプログラムとして何とか成立できたと思います。

7　株式会社ブレスト

産学連携事業 地元中小企業インタビュー 探究学習

産業界からのフィードバック 回答フォーム 回答日：2023 年 10 月 30 日

貴社名	株式会社ブレスト
担当学生	R.S くん　M.F さん　K.G さん
訪問日	2022 年 11 月 12 日
満足度・本件は成功したと思いますか。	ブレストの事業領域や事業展開を学生目線で分析してもらえたことは大変参考になりました。
教育効果・産学連携について、ご意見をお聞かせください。	学生内に社会の環境に触れられることは大変意味あることだと思います。また業界を知って農業に興味を持ってもらう事ができるきっかけにもなり、大変意味ある学習だと思います。産学官連携については、我々企業側に多くの情報を得る機会だと思います。今後も続けて頂きたいと思います。
学生へフィードバックコメントをお願いします。	初めての経験で緊張もあり、どうやって進めて行けばいいか分からない事ばかりだったと思います。その中でチームとして成果を上げる経験も出来たと思います。 これからも色んなことにチャレンジし、小さな成功と失敗を経験する事で自分の成長に繋げてください。 頑張ってください。
次回に向けたご提案があればお願いします。	特にありません

筆者の返答

　非常に元気で、やることも早いチームでして、何をやるにも楽しんでおりました。学生の繊細な気持ちに寄り添ってご対応頂き、ありがとうございました。農業の未来は、他人事ではなく、自分たちの生活に直結することだとイメージできたようです。企業様側にも、多くの情報が得られたと言って頂き安心しました。むしろ、気を遣わせてしまったようで申し訳なく、ご提案などがございましたら、是非忌憚なくお聞かせ頂ければ幸いです。

第4章

評　価

産学連携プログラムが影響を与えたもの

　第3章では、受講生が作成したレポートから、学生の定性的側面をみてきた。本章では、アンケート調査の回答から定量的側面（個人の特性にかかる有意差）などをみながら、統計的に処理した結果を紹介する。

1　研究の背景

　2020年以降の新型コロナウイルス感染症による非接触の常態化は、大学生の学びの環境を変え、多様化の進展により個性がより尊重されるようになった。2023年2月、マスク着用を3月13日以降は個人の判断にゆだねると決定した以降は、大学生の採用市場も賑わいを増し、内定の早期化と内定率の上昇は右肩上がりを続けている。

　厚生労働省と文部科学省は、令和5年3月大学等卒業予定者の就職内定状況を調査した結果（令和4年10月1日現在）、大学生の就職内定率は74.1％（前年同期差 + 2.9 ポイント）となったと公表し回復を実感している。また、リクルートワークス研究所（2022）が公表した「2024年卒の新卒者を対象とした採用に関する調査結果、新卒採用の前年比較の推移（大学生・大学院生）」によると、「増える − 減る」のポイントは +11.9％ポイントとなり、コロナ禍による採用意欲の停滞からの反動で、2023年卒からは一転してプラスとなっている。2024年卒はさらに採用意欲が回復し、「増える − 減る」のポイントは比較可能な2011年卒以来、最大となった。これは2023年卒の +10.9％ポイントと2012年卒の +5.6％ポイントに次ぐ伸び幅である。「減る」と回答した企業の割合は3.6％で、比較可能な2011年卒以来最も少ない。このように、新卒採用は2年連続の大幅回復を遂げ、企業規模を問わず、積極的な初任給引き上げも進んでいる。新卒採用の現場が「売り手市場」に転換し企業の採用数が多いにもかかわらず少子化による就職希望者が少ない状況にあることも内定率向上の要因の一つと推測される。

　各大学・大学院、短期大学などは就職支援プログラムの導入が盛んに行われてきており、キャリアセンターはもちろんのこと、就職支援会社と連携したセミナー・ガイダンスなどは大学等の専門性に合わせるなど手厚い。長い

間、大学の役割は、「教育」と「研究」にあると考えられてきたが、最近は
それらに「地域・社会貢献」が加わり、これら三本の柱が大学の存在意義と
なっている（吉澤・橋田, 2012）。そのうえ、キャリアビジョンの多様化が
認められるようになった現代の学生にとって、一般的な就活ルートに依らず、
自己のスキルを活かせる職業や社会貢献意欲、パーパス（やりがい）などを
探索する傾向が高まっていると考えられ、正社員雇用に拘った十把一絡げの
ような単一の支援では学生に響き難くなってきた。

　そこで筆者は、産学連携協定を結ぶ兵庫県中小企業家同友会の会員企業と
1年次生の交流の機会を持ち、インタビューを通して理念、事業内容のみな
らず、経営目標、社会的貢献の意義と社会人の生活などを取材し交流するプ
ロジェクトを企画した。これにより、持続可能社会に対する課題を理解し、
解決を図ることの意義とやりがい、仕事の楽しさを理解し、地元企業への愛
着が感じられる地方創生のあり方を意識する。よって、コミュニケーション
スキル・情報リテラシーなどの汎用的スキルや、チームワークへの指向性、
市民としての責任などの意識・態度の向上が必要であることを、早期から対
面・交流授業から馴染ませ理解させるキャリア教育に進化させる必要がある
との考えに至った。

2　目的

　いまや、3年次生の夏インターンシップ参加から就職活動は始まる。令和
4年6月13日付けで改正された「インターンシップの推進に当たっての基
本的考え方」（文部科学省、厚生労働省及び経済産業省合意）を皮切りに、「採
用と大学教育の未来に関する産学協議会」の2021年度報告書の内容を踏ま
えたことによって、一定の基準を満たしたインターンシップで企業が得た学
生情報は、企業などの広報活動や採用選考活動に使用できるよう見直された
のである。これによって、インターンシップ参加学生は何らかの優遇策が期
待できることが想定され、活動の早期はより進むと想定される。

　これらの状況を鑑みて、大学生の就職活動の早期化を単に押し上げるだけ
のキャリア教育ではなく、1年次生から卒業後にかけて、「自分は何を学ぶ
必要があるかを見定め、最適な学習内容や学習方法を考え、効率的に習得

する力（戦略的学習力[14]）」を中長期的にマネジメントする力が求められる。そのためには広く世間を見聞し、社会問題に触れ問題解決に携わる一市民として自覚を醸成させる必要があると筆者は考えた。初年次教育の体験教育の一環として緑地保全活動に力を入れてきた吉澤・橋田（2012）は、今後は学生の意識の向上に繋がる体験的な授業を増やし、意識が高い環境保全活動のリーダーとなるような若者を育てるカリキュラム上の工夫が重要であると述べている。

　よって、本研究の目的は、初年次教育にキャリア教育を盛り込み、産学連携を活用した教育プログラムを1年次後期ゼミに導入し、一年次生基礎演習3クラスを、実施群（プログラム実施）と統制群（プログラム非実施）に分けて、授業終了後に「大学生活満足度」「自尊感情（自分への満足度）」の変化を検証すること、また、個人のパーソナリティとの関連を明らかにすることを目的とし、実施後のアンケート調査と自由回答から検討し、本プログラムの効果を考察する。

3　効果検証

3-1　調査対象者
　人文学部「基礎演習」3ゼミ58名に対して調査を行った。ゼミごとの調査協力者数は、Aゼミ17名（男子9名、女子8名）、Bゼミ9名（男子7名、女子2名）、Cゼミ9名（男子7名、女子2名）である。回答者数の内訳（回答率）はAゼミ17名（85%）、Bゼミ9名（47%）、Cゼミ9名（47%）であり、有効回答数は35名（男性23名　女性12名）、回収率、有効回答率ともに60.3%であった。本研究の教育プログラムを実施した群（実施群）はAゼミ17名、実施しなかった群（統制群）は、B・Cゼミを合わせ18名とした。

3-2　調査時期
　2022年9月21日〜2023年1月18日（2022年度後期授業期間）

14　Learning Strategies：オックスフォード大学教授マイケル・オズボーンら(2017) が2030年の未来に求められる最も重要なスキルとして発表した。

3-3　調査内容

　本学と産学連携協定を締結している団体の一つである「兵庫県中小企業家同友会」事務局と、その会員企業7社に協力を依頼し、大学1年次生が地元中小企業を訪問し、インタビューなどの交流を通してアクティブラーナーの育成を図る探究学習プログラムを実施した。具体的な授業内容は、⑴兵庫県下の中小企業の強みと現状理解、⑵解決すべき問題であるSDGsと企業の施策事例を学ぶ、⑶訪問企業の決定、⑷アポイントメントを取る（日程調整）、⑸調査項目を決定する、⑹取材訪問・交流、⑺調査結果のまとめ、⑻レポート作成、⑼成果発表のための研究発表会の開催、⑽ふりかえり（アンケート・コメント収集）の流れで進められた。

3-4　調査方法と手続き

　まず、教示として性別、所属団体（学内外の部活・サークルなど）を尋ね、自分が自覚する性格（パーソナリティ）について質問した。加えて、大学生活の充実感、今の自分の満足感を、「不満（1点）」から「満足（5点）」までの「違うと思う（1点）」から「そう思う（5点）」までの5件法で回答を求めた。最後に、26.「今後、将来にむけて自分をどのように成長させたいですか。改善点とその対処法を教えてください」と27.「基礎演習（ゼミ）でのあなたの成果を感想とともに教えてください」に関して共に自由記述で回答を求めた。個人のパーソナリティの特徴を明らかにするためにTIPI—Jを使用した。

　・日本語版 Ten Item Personality Inventory（TIPI-J）　TIPI-J（小塩・阿部 2012）は Big Five の各因子に対応する2項目の計10項目で構成される。B1.　私は活発で外交的だ　B2.　他人に不満や持ちもめごとを起こしやすい　B3.　しっかりしていて、自分に厳しい　B4.　心配性でうろたえやすいB5.　新しいことが好きで、変わった考え方を持つほうだ　B6.　ひかえめでおとなしい　B7.　人に気をつかう、やさしい人だ　B8.　だらしなくうっかりしている　B9.　冷静で、気分が安定している　B10.　発想力に欠けた平凡な人間だ。各項目に対して、「違うと思う（1点）」から「そう思う（5点）」までの5件法による回答を求めた。なお、項目の負方向である2. 4. 6. 8. 10は、

逆転項目処理を行った。

・大学生活満足感尺度　堀（2015）が定義する「大学生活満足感」は、'大学生が個々の生活において心理的・生理的・環境面での組み合わせによって得られる喜ばしいもしくは肯定的な感情' としている。本研究では、堀の分析から得られた 10 項目のみを使用し、「5. 非常にそう思う」から「1. 全くそう思わない」までの 5 件法で回答するよう求めた。B11. 大人（教員を含む）と親しくできる　B12. 大人（教員を含む）との会話が楽しくできる　B13. まわりの大人（教員を含む）について情報を得ることができた　B14. 大学の先輩との会話が楽しくできる　B15. 大学の先輩と親しくできる　B16. 先輩から大学の施設などについて情報を得ることができた　B17. 日頃から気疲れする　B18. 日頃から会話に困る　B19. 日頃から窮屈に感じる　B20. 友達と親しくできる　B21. 学内で過ごす空き時間を有効に使えるようになった　B22. 学外で過ごす空き時間を有効に使えるようになった　B23. 学外の生活（バイト、サークルその他）についての項目から回答を求めた。調査の手続きは、 各キャンパス内において、調査対象者に調査目的および概要を説明し、回答の同意を得た上でその場でオンライン回答を求め回収した。

従属変数は、「大学生活満足度：大学生活度満足度」「自尊感情（自分への満足度）：今の自分について」として、アンケートにて回答を求めた。

3-5　分析概要

パーソナリティ

TIPI-J：小塩ら（2012）の研究による下位尺度から逆転項目の処理をし、外向性（B1,B6）、協調性（B2,B7）、勤勉性（B3,B8）、非神経症傾向（B4,B9）、開放性（B5,B10）の5つを下位尺度として構成した。点数が高ければ高いほど、この傾向が強いことを表す。クラスごとの平均値を図8に示す。

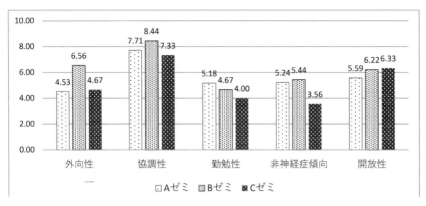

図8　下位尺度平均値＿クラス別（TIPI-J）

<u>自分の性格と大学生活の満足感尺度</u>

　B1 ～ 23 までの 23 項目について、自分の性格と大学生活の満足感に関する新たな尺度の作成を試み、因子分析（主因子法・プロマックス回転）を行った。累積寄与率、および解釈可能性から 3 因子が妥当と判断した。因子負荷量の基準値を .40（絶対値）とし、どの因子にも基準値を満たさない項目を削除して分析を繰り返した。その結果、以下のような結果が得られた。第 1 因子には、B1. 私は活発で外交的だ　B7. 人に気をつかう、やさしい人だ　B11. 大人（教員を含む）と親しくできる　B12. 大人（教員を含む）との会話が楽しくできる　B13. まわりの大人（教員を含む）について情報を得ることができる　といった大人との外交的なかかわりに関する 5 項目の負荷量が高かったことから、「外向的社交性」に関する満足感因子（α =.816）とした。第 2 因子には、B18. 日頃から会話に困る　B19. 日頃から窮屈に感じる　といったまわりの日常のコミュニケーションに関する 2 項目の負荷量が高かったことから、「自由闊達」に関する満足感因子（α =.764）とした。第 3 因子には、B3. しっかりしていて、自分に厳しい　B9. 冷静で、気分が安定している　といった自身に対する自信の表れに関する負荷量が高かったことから、「自己信頼」に関する満足度因子（α =.670）とした。自己信頼の信頼性係数がやや低かったものの、下位尺度に関する内的整合性はおおむね確認された（表6）。

表6　　自分の性格と大学生活の満足感に関する尺度の因子分析結果
（主因子法・プロマックス回転後）

	I	II	III
外向的社交性			
7.　人に気をつかう、やさしい人だ	**.77**	-.18	.17
13.　まわりの大人（教員を含む）について情報を得ることができた	**.74**	-.23	-.12
11.　大人（教員を含む）と親しくできる	**.70**	.10	-.01
12.　大人（教員を含む）との会話が楽しくできる	**.64**	.29	-.12
1.　私は活発で外交的だ	**.53**	.17	.23
自由闊達			
18.　日頃から会話に困る	.05	**.79**	.11
19.　日頃から窮屈に感じる	-.25	**.70**	.16
自己信頼			
9.　冷静で、気分が安定している	.04	-.11	**.77**
3.　しっかりしていて、自分に厳しい	.46	.04	**.63**

因子間相関	I	II	III
I	—	.40	.10
II		—	.30
III			—

　次に、3つの下位尺度の男女込みの相互相関を分析したところ、自己信頼と自由闊達との間には、正の有意な相関（$r = .34$, $p < .05$）があり、男女別の相関でみると、男女で相関がやや異なっており、男子では自由闊達と自己信頼の間に正の有意な相関（$r = .44$ $p < .05$）がみられ、女子では外向的社交性と自己信頼の間に正の有意な相関（$r = .65$, $p < .05$）がみられた。

　3つの下位尺度得点に対して、t 検定で男女差を検討したが、いずれの得点についても有意な差はなかった。得点には男女間であまり大きな差がないものの、自己信頼に関しては、女子のほうが男子よりもやや高かった（表7）。

<u>産学連携プログラム受講者とそれ以外の受講者との各項目平均値の比較</u>

　本研究の教育プログラムを実施した群（実施群）Aゼミ17名、実施しなかった群（統制群）は、Bゼミ9名、Cゼミ9名において、分析を行ったが、有

意な差はなかった。

表7　グループ統計量

	性別	度数	平均値	標準偏差 *(SD)*
外向的社交性	男性	23	3.51	0.90
	女性	12	3.52	0.66
自由闊達	男性	23	3.02	1.20
	女性	12	3.08	0.79
自己信頼	男性	23	2.85	0.93
	女性	12	3.04	1.20

　3つの下位尺度得点に対して、t 検定で男女差を検討したが、男女間であまり大きな差がないものの、自己信頼に関しては、女子のほうが男子よりもやや高かった。

3-6　因果関係の検討

　自分の性格と大学生活の満足感に関する尺度の3つの下位尺度得点が1年次を終える大学生の大学生活の充実感、今の自分の満足感に与える影響を検討するために、重回帰分析を行った。結果を表8に示す。

　大学生活充実感では、自由闊達に対する標準偏回帰係数（β）が有意である一方で、外向的社交性と自己信頼の標準偏回帰係数は、有意ではなかった。今の自分の満足度では、外向的社交性と自由闊達から大学生活満足度への標準偏回帰係数が有意であった。同様に、ゼミクラス、性別、所属団体の影響はあるかを調べたが、いずれにも有意な差はなかった。

表8　「大学生活の充実感」と「今の自分に対する満足感」ごとの重回帰分析結果

	大学生活充実度				今の自分の満足度		
	B	$SE\ B$	β		B	$SE\ B$	β
説明変数							
外交的社交性	0.098	0.181	.08		0.670	0.204	.49 **
自由闊達	0.562	0.141	.62 ***		0.328	0.159	.31 *
自己信頼	-0.131	0.149	-.14		-0.036	0.168	-.03
R^2	.367 **				.398 ***		

*p<.05, **p<.01, ***p<.001

3-7　効果測定からみた考察と課題

　今回、初の取り組みであった産学連携プログラムの受講対象者と非対象者を比較した結果、有意な差は認められなかった。しかし、自分の性格と大学生活の満足感に関する３つの下位尺度因子と「大学生活の充実感」において、自由闊達な自覚がある者は大学生活充実度が高まることが明らかになった。また、「今の自分に対する満足感」と外向的社交性において、学生の外向的社交性の高さは、今の自分への満足感の高さに繋がり、自由闊達の高さも同じく自分への満足度の高まりに影響することが示唆された。それは、「外向的社交性」「自由闊達」「自己信頼」因子間の男女別の相互相関を分析したところ、男子では自由闊達と自己信頼の間に正の有意な相関（r = .44 p <.05）がみられ、女子では外向的社交性と自己信頼の間に正の有意な相関（r = .65, p <.05）がみられ、得点が女子のほうがやや高かったことからも説明できる。「自己信頼」とは、しっかりしていて、自分に厳しく、冷静で、気分が安定しているといった自身に対する信頼を表す。この「自己信頼」と「外向的社交性」の自覚を持つ女子学生との関係性の強さが明らかになった。一方で、男子学生は、「自己信頼」には、他者とのコミュニケーションに不便さを感じなく行える「自由闊達」との関係性の強さとして表われた。青年期の学校環境において、１年次生男子学生が、自己信頼を身近な日常に発展させるところを、１年次生女子学生は、社会や大人に目を向け始めることに発展させているとも言えるのではないだろうか。しかし、ゼミごとの平均点をみても、大きな差はない。むしろ、実施群であるＡゼミは、前章での学生

の振り返りコメントからも見て取れるように、内省が進み、改善点を分析したことによって反省的な自己評価によって低い得点になったと考えられる。自分が正しいか誤っているかの自信とは違い、平たく言うと、自分のままで良いと肯定できる「自己肯定感」があるが、この研究は学校現場において盛んに行われてきた。例えば、岩永・柏木・藤岡・芝山・橋本（2007）は、子どもの教育に関する問題事象の共通点の一つとして自己肯定感の低下をあげ、学校生活において子どもの自己肯定感を向上させることが重要であると報告した。つまり、「自己信頼」の育成が可能な教育プログラムが、初年次教育において重要であることは一致している。一方で、個人と環境の適合の問題について研究した大久保・加藤（2005）によると、一致得点が低い群のほうが適合度得点の高い群よりも、学校への適応感を感じていたことを報告している。個人と環境において学校が理想とする適合度合ではなくても、当該の環境とその時点での個人の特徴としてとらえた結果、本人は自力で居場所を見つけた結果、適応感を得ているということもあるだろう。

　本研究の、2022年後期だけのプログラムだけでは因果関係を明確に証明できないことは当然ともいえるし、何よりも、被験者数が少なく、十分に信頼できる方法とは言い難い。ただし、本研究の目的である産学連携初年次教育を通したキャリア教育プログラムによる効果検証を行うという試みは意義があったと捉えられる。また、1年次生から始める産学連携を通したキャリア教育と初年次教育の適合性の視点から、大学生のキャリア形成の問題に「自己肯定感」や「自尊感情」などにさらにアプローチする必要を再認識できたことは、意義深い結果であった。今後は、対象者を増やし、自己信頼の形成を促進させる要因をさらに研究していく必要がある。

　一方、統制群であったBゼミとCゼミの自由記述コメントを以下に示す。

Bゼミ・統制群（非実施群）
26.今後、将来にむけて自分をどのように成長させたいですか。（記述式）改善点とその対処法を教えてください。

計画を立てて行動する
検定や資格を取得する
主体性を高めたい。もっと発表する。

のうのうと生きているのが改善点。なんでもいいので目の前に目標を作る。
課題ぎりぎりで終わらすところ。計画を立てて自分で時間を作るようにする。
自立した人間
優柔不断をなくす
自分から情報をとりにいく
何事も意欲を高くしていきたい。

27.基礎演習（ゼミ）でのあなたの成果を教えてください。

実践的な英語をしっかり学べた
特にない
しっかり発表できた
周りの人とのコミュニケーションの取り方が上手くなった
高校で英語は終わっていたけどまた学ぶことができた。
英語の知識がついた。
新しい考え方を多く学ぶことができた
英語力が身についたとこ感じる
英語についてもっと深く学ぼうと感じるようになった。

Ｃゼミ・統制群（非実施群）

26. 今後、将来にむけて自分をどのように成長させたいですか。（記述式）改善点とその対処法を教えてください。

やる気が出てこないので、やる気を取り戻したい
先を見る力をつける
コミュニケーション能力を向上させたい。初対面の人と話すことが苦手なので、気負わずにゆっくりでいいから少しずつ話していきたい。
パソコン作業等、社会人が当たり前に必要とされることを習得する
もっと決断力をつけたい。曖昧なことが多いので後悔しない道を歩んでいきたいです
１人でできることを増やしたい。家事などを積極的に行ってみる。
教師になれるように勉強を頑張りたい
社会に出た時に恥のかかないようにしたい
社交的に動けるよう積極的に会話をする

27. 基礎演習（ゼミ）でのあなたの成果を感想とともに教えてください。

特になし、なので何かやらないと…。
他人の意見を聞くことができた
教育やジェンダーについて文献で学べた。自分の知らない知識が多かったのでこれからも自ら進んで調べたり、学んでいきたい。
前期からジェンダーについてよく学んでいるので、更に考えを深められました

本を読んだりしてそれをまとめることが多かったので文章力は着いたと思います。
またそれを発表することでまだその本をわかってない人に対しての説明力や表現が
上達したと思います。
ジェンダー差別について、多く考えることができた。もっと知りたいと思っている。
最後のゼミレポートは難しかったが、楽しくできた
ゼミを通して、ジェンダーや教育について詳しく学べたのでよかったです。
与えられた課題は普通に提出し、何の不自由もなしに活動できた。

　時間が取れなかったこともあり、実施群であるＡゼミより文字数が少な
いが、それぞれが１年次後期ゼミを終えて、内省できていることがわかる。
モニタリングすることによって、客観的に自分をみてきたのであろう。「主
体性を高めたい。もっと発表する」「のうのうと生きているのが改善点。な
んでもいいので目の前に目標を作る」「課題ぎりぎりで終わらすところ。計
画を立てて自分で時間を作るようにする」「もっと決断力をつけたい。曖昧
なことが多いので後悔しない道を歩んでいきたいです」「１人でできること
を増やしたい。家事などを積極的に行ってみる」など、メタ認知的コントロー
ルの働きが、現在の戦略的学習能力の育成に影響を与えていることを願う。
Ａゼミ生の自由記述コメントからは、集団による協働を意識させた甲斐あっ
て、さらに、「グループでの達成感」「コミュニケーション力」「プレゼンテー
ション力」「計画性」などに関するメタ認知が醸成されていることが示唆さ
れた。一足飛びの教育プログラムは望まず、大学教育としての環境整備の必
要性が改めて示されたと考察する。

第5章

AI 時代の
大学初年時キャリア教育に
期待されるもの

高等教育に求められるもの

　「2040 年問題」とは、国立社会保障・人口問題研究所の 2017 年推計に端を発する。現役世代の急減により、介護・福祉における人手不足、社会保障費の増大がピークを迎えることによって、持続可能性がさらに困難になることが懸念されている問題である。「2025 年問題」では、「高齢者の増加」が主なテーマであったが、2040 年問題の大きな課題は「現役世代の急減」にある。厚生労働省　将来推計人口（令和 5 年推計）の概要[15] によると、日本の人口は、2040 年には約 1 億 1000 万人となり、「1 人の高齢者を 1.5 人の現役世代で支える」ことになる。2022 年に生まれる子どもは約 77 万人となり、この子たちが大学に入学する 2040 年の 18 歳人口は、中央教育審議会が 2018 年に公表した推計を 11 万人も下回るという残念な結果となった。

　折しも、平成 29（2017）年 3 月、文部科学大臣から「我が国の高等教育の将来構想について」諮問が行われ、高等教育機関が求められる役割を真に果たすことができるよう、概ね 2040 年頃を見据えた、これからの時代の高等教育の将来構想について総合的な検討が要請された。諮問を受け、中央教育審議会では、大学分科会将来構想部会を中心に約 1 年 8 か月にわたって審議を進め、平成 30（2018）年 11 月 26 日に「2040 年に向けた高等教育のグランドデザイン（答申）」が取りまとめられた。

　内容は、次の全 7 章から構成されている。

1．2040 年の展望と高等教育が目指すべき姿―学修者本位の教育への転換―

2．教育研究体制―多様性と柔軟性の確保―

3．教育の質の保証と情報公表―「学び」の質保証の再構築―

4．18 歳人口の減少を踏まえた高等教育の規模や地域配置―あらゆる世代が学ぶ「知の基盤」―

5．各高等教育機関の役割等―多様な機関による多様な教育の提供―

6．高等教育を支える投資―コストの可視化とあらゆるセクターからの支援の拡充―

7．今後の検討課題

15　第 3 回社会保障審議会年金部会 2023 年 5 月 8 日　資料 3　https://www.mhlw.go.jp/content/12601000/001093650.pdf

　また、これからの高等教育改革の指針として位置付けられるべきものとして、実現すべき方向性を三つ提示した。

① 学修者が「何を学び、身に付けることができるのか」を明確にし、学修の成果を学修者が実感できる教育を行うこと。このための多様で柔軟な教育研究体制が準備され、このような教育が行われていることを確認できる質の保証の在り方へ転換されていくこと。

② 18歳人口は、2040年には、88万人に減少し、現在の7割程度の規模となる推計が出されていることを前提に、教育の質の維持向上という観点からの規模の適正化を図った上で、社会人及び留学生の受入れ拡大が図られていくこと。地域における高等教育のグランドデザインが議論される場が常時あり、各地域における高等③教育が、地域のニーズに応えるという観点からも充実し、強みや特色を活いかした連携や統合が行われていくこと。

　この方向性に基づいた高等教育改革が2040年までに実を結び、教育と研究の機能が十分に発揮された高等教育を通じ、我が国そのものが新しい価値を生み出す国へと発展していくことを期して、必要な政策が着実に遂行されていくことを求めている。

　これまでの高等教育研究の成果は、高等教育に係わる諸問題とその教育システムの複雑性や、問題の多様性から、社会科学や人文科学、さらには自然科学にも及び、その意義ははかり知れない。変動の時代をむかえ、いっそう明らかになった高等教育に係わる諸問題とその研究の重要性を考えるとき、学問領域の違いをこえた研究者等の結集と交流をはかり、研究の理論的、方法的基礎を強化し、研究の一層の深化発展をめざすとともに、その研究成果の普及を図り、実践的、政策的課題の解決に寄与（高等教育学会ホームページ・設立趣意）してきた。2023年を迎えた現在も、少子高齢化は留まるところを知らず、大学の役割の再構築はスピードを増している。大都市一極集中を回避し、地域創生人材を養成する取り組みは、産業界や地方自治体とも手を組みながら、大学の教育効果をめぐる検討を進めるなど、さらなる実証分析は欠かせない。このような、人材育成の取り組みに必要な視点は、いくつか挙げられる。

発達資産（developmental assets）の蓄積

　デジタル時代においてもなお、個人としても集団の一員としても、人との
つながりは私たちにとって重要であり、私たちはそれを維持するために日頃
から多大な労力を割いている。個人として私たちが何者であるかは、少なか
らず、誰をどのように知っているかによって定義されている。より視点を広
げれば、人々の間の結びつきは、大きな社会構造の構成要素にもなっている
（ジョン・フィールド、2022）。このような、個人の社会的ネットワークやコミュ
ニティ、人脈などの人と社会をつなぐ資本ともいえる社会関係資本（Social
Capital）をパットナム（1993）は、「社会的なつながりとそこから生まれる
規範や信頼であり、効果的に協調行動への導く社会組織の特徴」と定義した。
いわば、人々が互いに信頼し合い、協力し合える社会的なネットワークやつ
ながりの質と量をさす。これには、家族、友人、近隣関係、地域社会、組織、
さらには社会全体との関係が含まれる。社会関係資本は、情報の共有、相互
のサポート、チームワーク、信頼関係などを通じて、個人やコミュニティの
リーダーシップ、健康、幸福感、経済的な繁栄などに影響を与えると考えら
れている。例えば、パットナム（2000）はアメリカの州ごとの凶悪犯罪と社
会関係資本指数との間に強い負の相関があることを報告している。本書の第
2章で記述の通り、社会関係資本の多さが、社会の健全化に寄与するとも言
える。

　不確実な未来に備えて生涯学習（生涯にわたって学習する）が求められる
昨今において、個人的・社会的に安定した生活と教育の基盤形成を図ろうと
する考え方、「発達資産（developmental assets）」がある。（中略）この概
念は、もともと地域で子供たちや青年を健康に育てることを目的に活動する
米国NPO機関サーチ・インスティテュートの提唱による。その定義に従えば、
人の「教育や健康面でのより良い発達をうながす環境的な力」と「内面的な
力」から構成される（立田・岩槻、2007）。

　先の学習指導要領改訂では、「主体的・対話的で深い学び」が強調された。
大学におけるアクティブラーニングの視点に立った能動的学修者の育成につ

なぐ授業改善によって、学生の発達資産の更なる蓄積が期待されるであろう。社会関係資本に内包される発達資産は、子どもを対象とした研究が盛んだが、子どもが発達する上で獲得することが望ましい経験や特質のことを指す。ここでは、生涯発達を続ける人として、当然大学生も含まれるととらえる。発達資産は、子どもの社会化（社会の一員としての成長）にとって重要なもので、あらゆる選択に影響を及ぼすとともに、子どもが、思いやりがあり、責任ある大人になるのを支援すると言われている（国立教育政策研究所、2005）。

　サーチ・インスティチュート（Search Institute）は、1950年代から子どもの健全な育成に関する教育研究・調査を続けている非営利団体である。彼らは全米の各コミュニティに積極的に呼びかけ「アセット・ビルディング」（資産構築）の必要性を解き、そのために必要なトレーニングやネットワーキングの方法を含むコミュニティ支援を提供している。例えば、発達資産は、外的資産（external assets）と内的資産（internal assets）に分けられる。外的資産は、子どもがまわりの世界から受け取る好ましい経験のことで、容認と支援、エンパワーメント（役割）、規範と期待、多様な活動の場の4つの項目に分類されるという。内的資産は、子どもの好ましい内部成長や発達を反映する特性や行動のことで、好ましい価値観、好ましい自己確立、社会的能力、学習への傾倒の4つの項目に分類される（Developmental Assets Japan、2012）。

　国立教育政策研究所名誉所員である立田（2018）は、社会的関係性だけを重視した資本や資源という概念だけでなく、資産といった経済的概念も生涯学習を支える上では重要だと述べている。個人の発達や社会の発展の中でどのように内的環境、外的環境として形成されていくかが重要となってくる。第2章の図6は、こうした内的資産の形成と外的資産の発展の関係を示している。それぞれの要素が人の発達資産となり、そして生涯学習の発展に深くかかわっていくことが考えられるのではないだろうか（立田、2018）。このように、若者が発達資産を多く獲得すればするほど、それだけ好ましい積極的な発達をする可能性が高くなる。また、資産が多いほど他者を支援したり、

他者との違いを大切にしたり、リーダーシップを発揮することについて、ますます意欲的になる。さらに、資産の獲得（形成）を支援する地域社会が若者達の好ましい発達を促進することにより、地域社会もまた若者達の発達によって活発化される（立田・岩槻、2007）。すなわち、発達資産を多く持つ子どもは、健康で人間性に富み、個性を伸ばしながら責任ある個人として成長する可能性が高まる。アメリカの研究だが、40の発達資産[16] のなかから数多くの資産項目をもっている子どもの行動はより健康で積極的であり、資産の数が少なくなるほど危険で否定的な行動になる傾向があることが報告されている（Scales・Leffert、1999）。

　一方で、以下のような研究報告がある。前出のサーチ・インスティチュートが開発した「発達資産プロフィール」という測定ツールを日本語に翻訳し、11歳から18歳までの日本の子ども14,000人以上に対して調査したところ、日本の子どもの「発達資産」の水準はアメリカのサンプルよりも低く、小学生、中学生、高校生へと教育段階が上がるごとに「発達資産」の水準が下がり、性差はなかったことを明らかにした（相原・エイミー・岩野、2010）。宗教観などを始めとする生育環境が違うことは否めないが、自己評価が低い。10代の若者の発達資産が育つどのような場に問題があるのか、また、誰が責任を持って資産蓄積に向けた支援をするのか（相原ら、2010）、日本社会に適合した実践的な教育プログラムや、学修環境の具体的かつ実践的な開発研究が、いまだ続けられている。

　以上のように、社会関係資本（Social Capital）と発達資産（developmental assets）は、個人やコミュニティの発展に寄与する要因を成すものとして、研究は広範囲に普及している。これらの概念は、個人やグループが社会的なつながりやリソースを持つことで、より健康的な成長や発展を遂げられるという考え方に基づいている。健全な社会関係資本がある環境では、人は発達資産をより容易に構築できるはずだ。例えば、応援してくれる家族や友人のネットワーク、地域社会の資源、教育機関のサポートなどが、学生の必要な発達資産の蓄積を支える。また、発達資産を蓄積することが、個人のより豊

16　40の発達資産チェックリストは以下のURLを確認されたい。
　　http://40assets.ypu-kokusai.jp/pages/kodomo_1.html

かな社会関係資本を築かせ、社会的なつながりや信頼感を強化していく。

　つまり、健全な社会関係資本と発達資産は相互に補完し合い、個人やコミュニティの繁栄と幸福に寄与する。これらの資本を高めることは、健康で持続可能な社会を築くための重要な要素なのであり、個人と社会のウェルビーインクにつながる。当然、産学連携には、このような意図があって然るべきだろう。

教育の未来を予想する

　生成 AI が情報の世界をさらに進化させた 2023 年。経済産業省はその年の 8 月デジタル人材指針に「生成 AI」を追加した。また、デジタル時代の社会人向け教育指針の「デジタルスキル標準」を改訂した。前者では、生成 AI の活用は企業の競争力向上につながるとして、経営者や従業員が関連スキルを身につけるべきとした。後者では、生成 AI の成り立ちや種類と情報流出などのリスクを把握したうえで、業務に活用すべきだと示した。加えて、生成 AI に的確な指示を出して、質の高い内容を引き出す「プロンプトエンジニアリング」なるものを挙げている。「プロンプトエンジニアリング（Prompt Engineering）」とは、AI（人工知能）の中でも特に自然言語処理を担う LM（言語モデル）を効率的に使用するために、言語モデルへの命令（プロンプト）を開発・最適化する学問分野を指す。AI が実行すべきタスクについて、適切な質問や指示を与えることで、より望ましい結果を引き出す言語モデルを訓練する。そして、プロンプトエンジニアは LM（言語モデル）や、LLM（大規模言語モデル）といった自然言語処理 AI に対して、効果的なプロンプト設計を行うことで、意図した通りの回答や文章生成を実現する訓練を行う。LM や LLM では、単なる「質問」や「指示」を入力するだけでは適切なテキストを出力できない場合があり、適切なプロンプトを設定することで、以下のことが可能となる（AI Smily、2023）。

　つまり、日常的に業務などに入り込んでくる生成 AI を人が使用するにあたって、このプロンプトをいかに指示し、適切なより高度な内容の精度に高めるかの能力は、万人が必要になることを示唆している。理工系の学問を修

めた人だけが求められるものでは、もちろんない。

　しかし、この「問いかけ方の工夫」もいずれソフトウェアのほうに組み込まれ必要なくなると、チャットボットサービス（PKSHA Technology）を手掛けた上野山（2023）は言う。この2，3年のうちに生成AIを取り入れた新しいビジネスモデルがさまざまな業種を一変させるらしい。学習支援、キャリア相談、社員教育、更には弁護士などの士業のパターン化された情報を仕分けていく作業なら、人間よりもはるかに早くブレなく自動応答する。AIの持つ能力がいっそう人間に近づいていくことを表している。

　AIが非常に賢くなった結果、われわれ人間にも一段と高度な知力が求められる時代が来ている。では、今、人間側に求められる力は何か。日本の未来についての提言『シン・ニホン』の著者である安宅（2023）は、意味のある問いを立てること。出力された答えを正しく評価する力だという。情報を統合して理解・識別する「知覚」の深さと質が最も肝心なのだ。この「知覚」は経験から育まれる。新しいことを見聞きしたり、経験に基づき思索を深めたりしない限り、「知覚」が広がることはない。失恋したことが無い人に失恋の意味が分かるわけがなく、生の体験を重ね、「知覚」を磨き、真に価値のある情報を見分けられれば、必要でない情報がわかり、タイムパフォーマンスが高まる。そうした力をつけるために必要な力は、「知覚」を深め、そこから問う力を養い、深い知的体験を得られるような教育だ。だが、今の学校教育はこの部分が非常に薄い。（中略）与えられた問いに早く正確に答えを出す力の価値は、急激になくなっている。何の計算をしているか理解するのは大事だが、計算を100回やって100回正しい答えを出せる能力は、すでにほぼ不要だ。私たちがイラつくような状況でもAIは、実に淡々と作業をする。人間は煩悩から解放される方法や心の平静を保つ方法を追い求めてきたが、AIはそれを実現している（安宅、2023）。人間の良さは、煩悩とやりたい気持ちを大事にできるところであり、今こそリアルで深い「生体験」が必要だと安宅は強調した。

　すなわち、出力された基本情報やデータの要約から、ダイバーシティを活用して、対話を深める。議論を経て複合的な視点から最終決断をするのは、人間でしかない。これまで生きてきた経験値による推論は、AIの出力結果

を補完するはずだと筆者は思う。よって、初年次からの、産学連携、社会人との交流は、学生一人一人にとって、かけがえのない資産を育むことに繋がるはずなのである。

心理的安全性（psychological safety）の高い環境

発達資産をより多く蓄積させるには、一人きりではなく、コミュニティ、人脈など、社会の中で生涯を通して発達していくことは言うまでもない。生涯にわたる学習の視点に立ったとき、私たちを日常的に取り巻く環境（家庭、地域、学校、職場）や価値観、習慣などは、まさに経済的な財産のような資産となって形成されていくことに気づく。同時に、家族だけでなく、職場や地域社会の発達を含めて考えれば、青少年のより良い発達を促すためには、「発達資産を豊かに蓄積した地域社会（asset-building community）」の形成も必要となってくる（立田・岩槻、2007）。

産学連携は、学生たちの発達とともに、産業や地域も共に進んでいくという視点が欠かせない。学生側だけが一方的に恩恵を受け、産業側が、持ち出しばかりの骨折り損では、学生自身の向上は定かでない。学生が、生きていくための知識や技能を見つける時、企業・団体がそれを見て学ぶことが少なからずある。若者がもつ新しい視点やデジタル技術を理解し、交流を深めていかねば、社会全体に及ぶイノベーション創出や発展に繋がりにくい。すなわち、産業側の内的資産や外的資産も同時に豊かにしていける産学連携の取り組みが重要なのである。

このような、大きな集団の中での異文化交流として、チームの目標達成を通して成果をあげていくには、チームが有機的であるほうが良い。目標達成のプロセスの中で、何がどのように影響するかを専門的に研究している企業の一つが、アメリカのGoogle だ。「心理的安全性」という概念が産業界で広く認知されるようになったのは、Google の研究チームによって 2012 年から 2016 年までの 4 年間にわたって実施された「プロジェクト・アリストテレス（Project Aristotle）」による影響が大きい。この研究目的は「生産性の高いチームの条件は何か」を明らかにしようとするものであった（Google

re:Work）。研究チームは、ハーバード大学で組織行動学を研究するエイミー
エドモンソンが定義した心理的安全性「対人関係においてリスクのある行動
をしてもこのチームでは安全であるという、チームメンバーによって共有さ
れた考え（Edmondson、1999）」を取り上げることで脚光を浴びた。この概
念は、新しいものではなく、最初に提唱したのは、Schein and Bennis（1965）
である。「グループメソッドによる個人的・組織的変化」という論文において、
組織改革の不確実さと不安に対処できるようになるには、心理的安全性が必
要だと述べた。

　研究チームは、生産効率の良いチームにおいて重要なのは、「誰がチーム
のメンバーであるか」よりも、「チームがどのように協力しているか」で
あるかを突き止めた。心理的安全性の高いチームのメンバーは離職率が低
く、他のチームメンバーの多様なアイデアを活用しながら高い収益を生み出
し、マネージャーから「効果的に働いている」と評価される機会が 2 倍多
い（Google ブログ https://japan.googleblog.com/2022/03/）ことを明らかにし
た。

　そして、「チームの心理的安全性」という概念を最初に提唱した
Edmondson（1999, 2012）は、チームメンバーがそのチーム内において発言
する中で、無知、無能、ネガティブ、邪魔だと思われる可能性のある行動を
しても、このチームなら大丈夫だ、と信じられるようになり、むしろそうし
た率直な意見や疑問、さらにはアイデアを出すことができたりミスや失敗の
報告ができたりすることを報告している。では、どのようなことを意識すれ
ばよいのか。Edmondson は、TED × Talks に登壇した際、チームの心理
的安全性を高めるために、個人にできる簡単な取り組みとして、彼女は次の
3 点を挙げた。

　　1．仕事を実行の機会ではなく学習の機会と捉える。

　　2．自分が間違うということを認める。

　　3．好奇心を形にし、積極的に質問する。

　このように、新奇なアイデアや解釈を口にするには、信頼感を持てないチー
ムでは評価懸念が生じるのはあたりまえである。そこで、Google が心理的
安全性を高めるために実施しているマネジメント法がある。「生産性の高い

チームの特性」として次のものを明らかにしている。

　心理的安全性：お互いに弱い部分をさらけ出せる

　相互信頼：仕事のクオリティや納期に対してお互いに信頼し合っている

　構造と明確さ：チームの役割、計画、目標が明確になっている

　仕事の意味：仕事が自分にとって意味があると感じている

　インパクト：仕事に意義を感じることがチームにとって重要であること

　このように、心理的に安全なチームでは、メンバーはリスクを取ること、自分の考えを共有すること、質問をすることを恐れることなく行うことができる。この信頼とコミュニケーションのオープンさは、効果的なチームの重要な要素なのである（Edmondson, 2018）。

　さて、一方で2012年に出された中央教育審議会「質的転換答申」における「能動的な学習」の代名詞にもなった「アクティブラーニング」。アクティブラーニングにおける認知プロセスの外化を測定する尺度を開発した溝上ら（2016）は、その態度や姿勢の指標として「議論や発表の中で自分の考えをはっきりと示す」「根拠を持ってクラスメイトに自分の意見を言う」「クラスメイトに自分の考えをうまく伝えられる方法を考える」の3項目で示している。大学教育改革の一つにもなったアクティブラーニングだが、受け手側の能動的な学習のためには、教員や指導者、そして上司の指示だけであったり、互いに主張するだけの一方通行では相互信頼形成は難しい。

　本研究でテーマにした産学連携を初年次教育に統合した低年次生対象キャリア教育プログラムでは、「産」のような職場の活性化や生産性の向上と、「学」のような大学生のチームビルディングと目標達成などのためには、双方が組織をオペレーションするにあたってのファシリテーター（産、学、官に所属する担当者）が重要な足がかりとなるだろう。

　上記の条件をクリアするために、本研究プログラムでは、アクティブラーニングを積極的に実施した。

アクティブラーニング（active learning）と方略

　日本におけるアクティブラーニングは、2012年の質的転換答申において「教員による一方向的な講義形式の教育とは異なり、学修者の能動的な学修への参加を取り入れた教授・学習法の総称」と解説されてから、教育界においてまたたく間にブームとなってその名が広まった。新指導要領策定に向けた教育課程企画特別部会（2015）の論点整理では「習得・活用・探求という学習プロセスの中で、問題発見・解決を念頭に置いた学び」「他者との協働や外界との相互作用を通じて、自らの考えを広げ深める対話的な学び」「子どもたちが見通しを持って粘り強く取り組み、自らの学習活動を振り返って次につなげる主体的な学び」を促進するのが「アクティブラーニング」であり、活動性（外見のアクティブさ）にばかり注目しないように注意喚起がなされた（関田、2017）。

　アクティブラーニングとは、アイスブレークのための単なるゲームやアクティビティだけを指すのではない。Prince（2004）は、「アクティブラーニングは一般的に学生を学習過程に従事させる全ての教育方法である。要するにアクティブラーニングは学生が有意味な学習活動に参加し、彼らがしていることについて考えることを求めることである」としている。つまり、より良い成果を導き出すための議論を通し、主体的に学習をすすめ最後までやり抜く学習動機を高めて維持する学習体系といえる。そこには、つねにクリティカルシンキングをおこなえる環境が必要だ。付箋紙を使ってのブレーンストーミングからはじまり、KJ法やマインドマップを使って情報を分析することは、まだスタート段階である。意見が出揃ったところで、関連項目を集約、比較検討し、テーマに直接関連するか否かの情報の精査、そして、社会・経済・歴史・環境面からの価値観、文化的背景、政治的根拠などについても評価・検討するため追加調査や検討を集団で行う。さらに、チームメンバーの個人的なバイアス、価値観、経験値の共有を行いながら考察し、メンバー全員が納得できる結論へと、建設的かつクリティカルシンキングによって、ようやく学生が主体的に成果や結論を紡ぎだせる学習こそがアクティブラーニングなのである。これが、学ぶ楽しさであり、学習者がフリーライダー

状態になったり、ドロップアウトしたりしないように主体性を担保するための教育方法の一つと言える。そして、この環境を支えるのが、「心理的安全性」であることは、前述に示した通りである。すなわち、本研究の成果から初年次生が「心理的安全性」を形成するには相当の準備期間が必要であることが示唆されたと言える。

日本のアクティブラーニング研究の第一人者の一人である溝上（2014）は「一方的な知識伝達型講義を聴くという（受動的）学習を乗り越える意味での、あらゆる能動的な学習のこと。能動的な学習には，書く・話す・発表するなどの活動への関与と、そこで生じる認知プロセスの外化を伴う」と定義した。

では、このようなアクティブラーニングを実装した授業は一体どのようなものなのか。コロナ禍によるICT環境の急速な変化を経て、教授学習パラダイムは転換の必要性をもとめられた結果、教授法の多様化にも同様の関心が高まっている。その点で述べると、キャリア教育は経済社会を概観し、産業の発展を考えるインターシップ教育や課題研究、PBL（Project/Problem Based Learning）型学習などを早くから導入していたおかげで、アクティブラーニングを通した協働学習との親和性が高い。そこで、筆者が担当する「キャリア形成入門Ⅰ」（定員55名／クラス）の授業計画を一部表示する（表9）。300名の新入生全員が受講しやすいように6クラスが用意されており、共通シラバスで開講されている。配当は、1年次生以上であるが、9割以上が1年次生となっている。

表9　　授業計画（キャリア形成入門・共通シラバス）

No.	回	主題と位置付け	学習方法と内容
1	第1回	オリエンテーション（授業概要の説明）	キャリア形成入門の位置づけと狙い 授業の進め方とルール・マナー
2	第2回	キャリアについて考える	大学とはどういうところか。未来につなぐ大学生活について考える
3	第3回	コンピテンシー	社会で求められるキー・コンピテンシー（主要能力）について学ぶ
4	第4回	自己理解	性格テストから自己理解を促進する。対人関係の基本的な構えを知る
5	第5回	コミュニケーション（1）	私のコミュ力とは。自分を伝える（話す）、他者の意見に耳を傾ける（聴く）
6	第6回	コミュニケーション（2）	集団活動に必要なコミュニケーションスキルと自分の役割
7	第7回	コミュニケーション（3）	聴く力、理解する力、伝える力（書く・話す）を活用した意思疎通とは
8	第8回	ロジカルシンキング	筋道だった合理的な思考とそれを理解するための様々な方法を使い、自分の意見を深く理解した上で，わかりやすく主張する力を学ぶ
9	第9回	コミュニケーション実践①	グループワーク（チームワークを体感する）
10	第10回	コミュニケーション実践②	ブレーンストーミング、KJ法などを使って提案や意見交換の方法を学ぶ
11	第11回	コミュニケーション実践③	グループワーク・グループディスカッションを通してプレゼンテーションを学ぶ
12	第12回	先輩から学ぶ	先輩，学内支援者，OBOG，社会人,教員などから，アドバイスを聴き，キャリア形成のヒントをつかむ
13	第13回	私のキャリアデザイン	他者からの評価と自己評価。またPDCAサイクルを回し，経験からの深い学びを次に生かす。今後の行動策定と学修プランを作成する
14	第14回	グループ課題研究	チーム対抗「課題」研究発表。一つの事案についてプレゼンテーションスライド（パワーポイント）を使って，全員で発表する
15	第15回	最終課題	自分の「特徴」「傾向」を再確認し、態度や行動を見直す。レポート提出

出典：神戸学院大学2022年度人文学部シラバス「キャリア形成入門Ⅰ」

　主たる目標は、コミュニケーションスキルの向上に力を入れることにより、学内に仲間を作り、コミュニティに参加することで学修環境の定着を目指すことが最上位の目標と言っても過言ではない。なぜなら、テクニックやスキルを教えても学ぶ意欲や自分に対する期待値を想定できなければ、モチベーションの維持は難しいからだ。グループワークを毎回導入し、多様性を肌で感じさせ、意見交換の価値を理解していく環境を提示する。あくまでも、問題提起と対話のしかけをつくるだけのファシリテーターであることで、学生は教えずとも勝手に学んでいく。自己調整学習者の育成をめざすのが、1年次前期のキャリア形成科目としての主たるゴールなのである（新居田、2022）。

　とは言っても、受験を終えてまもない初年次生に、アクティブラーニングを実感させることは思いのほか骨が折れる。なぜなら、高校までの教室では、教諭による知識伝達型教育によるインプットがおもな受講姿勢であり、また良いことで目立つことさえ回避してきた学びのパラダイムが主であったと言うことができるからだ。それは、効率的なインプットと正解だけを確実に答えるアウトプットの学習訓練と言い換えることもできる。学校教育現場での教育的関係性を捉えると、教師が「伝達する」、学生が知識を「伝達される」受身の存在と位置づけられる。この関係性は、主観や実際の状況にかかわらず、客観的に成立する。極端に言えば、教師がシラバスに沿って講義している限りは、たとえ学生が居眠りしていたとしても、授業は進んでいく。つまり、知識の伝達に必要な最低限の教育活動は成立する。だからと言って、このように、旧来の講義型授業を通した知識の獲得により受験戦争を乗りこえてきた初年次生の受け身で素直な受講態度は、もちろん間違いなどではない。

　アクティブラーニングの学習効果を実証的に検討した杉山・辻（2017）によると、通常の講義中心クラスと比較して、アクティブラーニングクラスが授業外学習時間や論述問題の成績、授業満足度の面で有利であることを示唆した。具体的に述べると、最終試験の成績については知識定着問題には差はなかったものの、知識の活用的側面に焦点を当てた論述問題ではアクティブラーニングクラスの方が有意に高い得点を示し、授業理解度、授業に対する満足度に関しても高い傾向にあり、反転学習のような事前学習の提示をして

も満足度の低下にはつながっていない。

　以上を踏まえて、PBL学習を実施する教員は、実はアクティブラーニングは、まったくもって生易しいものではないことを理解している。さらに、友人が多いほど大学適応が高いという正の相関を示す研究結果の多さから見ても、授業において最初の集団を形成させるタイミングなどにおいては、学生一人一人の今後の大学生活に影響を及ぼしかねない（新居田、2020）。

　アクティブラーニングには、グループディスカッション、グループワーク、多様な知識や価値観を理解することなどによる知識の深化やさらなる発想の転換や広がりが生まれるという利点は明らかでもある。座学だけではない、学修に対する興味・関心を広げる学習者中心の教育現場の提供は、学校教育の責務の一つである。

　以上のことから、高等教育に求められることとして、キャリア教育を専門とする筆者の視点で言うと、以下の6点の育成が挙げられる。

　①専門教育科目の専門知識と実践的能力
　②言語能力やリベラルアーツ領域にまたがる幅広い教養
　③社会で活躍するための基本的能力（リテラシーと情報技術活用力）の醸成
　④生涯学習を通したキャリアコミュニティの育成（社会関係資本）
　⑤問を立て、問題を解決し、イノベーションを創出する力
　⑥社会課題に立ち向かうシチズンシップ（主権者教育）

　①専門教育科目の専門知識と実践的能力は、最高学府で学ぶ意義ともいえる。ただし、培った知識・能力を、社会のために役立てられることが望ましい。②言語能力やリベラルアーツ領域にまたがる幅広い教養は、理論や理屈はエビデンスとなり、説得力を高める。言語の使い方を駆使しながら、効果を最大化できる教養は人を強くするのだろう。③社会で活躍するための基本的能力（リテラシーと情報技術活用力）の醸成は、読む・聞く・話す・計算する・ツールを活用するなど、生活する上でも必要な基本スキルだが、社会貢献に貢献できる能力にまで伸ばす必要がある。④生涯学習を通したキャリアコミュニティの育成（社会関係資本）については、社会関係資本によって

できた繋がりやきずな、人脈などの効果は、自身のキャリア形成のみならず、ウェルビーイングに影響を及ぼす。その下地をつくるのもキャリア教育の役割である。⑤問を立て、問題を解決し、イノベーションを創出する力とは、まず、人はたった一人でできることはほとんどないことを知ること。さらに、自分の中に浮かんだ疑問を放置しないこと（新居田、2022）から、問題解決は始まるのだ。例えば、企業においては、経営層の多様性を高めると、組織のイノベーションが質・量ともに向上するダイバーシティ＆インクルージョンは組織にイノベーションをもたらす（LORENZO, Rocío, et al. 2018）。多様性は歓迎すべきと知ることだ。最後に、⑥社会課題に立ち向かうシチズンシップについて OECD の調査結果から説明したい。

　OECD が 2016 年に発表した統計では、日本で「政治に関心がない」と考える 15 ～ 29 歳の割合は、11％しかなく、OECD 加盟国の平均である 24％を大きく下回り、調査した 38 カ国中、6 番目に少なかった。しかし、国政選挙の年代別投票率について、令和 4 年 7 月に行われた第 26 回参議院議員通常選挙でみると、10 歳代が 35.42％、20 歳代が 33.99％、30 歳代が 44.80％となっている（全年代投票率は 52.05％）。このように、他の年代と比べて、若年層の投票率は低い水準にとどまっており、投票率は低いが、政治に無関心な人は少ないことが明らかになった。しかし日本の 10 代に限っては、次の第 6 章に記しているが、社会にはあまり興味をもっておらず、当事者意識は低い。この結果からは、一律で画一的な知識詰め込み授業では、学校教育が目指す理想にはおおよそ届いていないことが窺える。今こそ、若者層への選挙啓発や主権者教育、シチズンシップの育成に取り組むためにも、自ら問を立てる、探究する、そして問題解決を探る思考力を育てねば、多様なはずの才能は開花する機会さえ失うだろう。

　発達資産の蓄積は、個人の社会関係資本を形成し、それはやがて人々のウェルビーイングに効果をもたらす。例えば、社会関係資本のつながりの強さが心理社会的サポートの資源として重要であり、困難に陥った時のレジリエンスを増進させる（James、2000）。そのためには、初年次の最初の取り組みとして、対人関係に対する不安を低減させることが重要だ。自分のあるがままを認め、人間関係形成力に対する自己肯定感を培うことが、学生一人ひと

りのエンパワーメント（empowerment：自らの意思決定により社会的に影響を与えうる力）を引き出し、主体的にかつ時代に柔軟に適応しながら、人生の目標を描き始めることを支援する教育・研究機関である必要があるのではないだろうか。

Tea Time Column "Chat GPT"

2022年11月、アメリカのオープンAIがChatGPTを公開するや、利用者数はわず
か2カ月で1億人を突破。プログラミング言語でしか扱えなかったAIと、日常の言葉
で会話できるとあって、世界中に大きな衝撃を与えた（週刊東洋経済,2023.7.29）。筆者も、
ご多分に漏れず書類作成を依頼したところ、憎たらしいほど論理的にプレゼン資料を
瞬時にまとめてきた。それ以来、記憶が散逸し、まとまりがない時など、素直に聞い
てみたりしているが、真偽を確認さえすれば、有効利用できる優れものである。時々、
冗談のような間違いをしながらも、さも正答っぽく構成してくるところが可愛かった
りする。それ以来、忘れたころに思い出し、私に違う見方、若者ウケしそうなキャッ
チコピーなど、新しい思考のルートを教えてくれる良き相棒だ。

ということで、2023年8月中旬、これを聞いてみた。

「産学官連携について、産と学と官のそれぞれのメリットを教えて(GPT-3.5)」

産学官連携は、産業（産）、学術（学）、および官公庁（官）が連携して研究開発やイノベー
ションを推進する取り組みを指します。それぞれの部門が協力することで、多様な専門
知識やリソースを活用し、社会的な課題の解決や経済の発展を促進することができます。
以下に、産学官連携のそれぞれの部門のメリットを説明します。

産（産業）のメリット:
1. 技術革新と競争力強化：産業界は学術機関や官公庁と連携することで、新たな技術
   や製品の開発を促進し、競争力を高めることができます。学術界の専門知識や研究
   成果を活用して、革新的なソリューションを生み出すことができます。
2. 市場ニーズへの対応：産業界は学術機関と連携することで、市場のニーズやトレン
   ドを把握し、適切な製品やサービスを提供することができます。顧客の要求に応じ
   た製品開発が可能です。
3. 人材獲得と育成：産業界は学生や研究者をプロジェクトに関与させることで、新鮮
   なアイデアや知識を取り入れながら人材を獲得・育成できます。将来の有望な人材
   を発掘する機会が提供されます。

学（学術）のメリット:
1. 実用的な研究成果：学術研究が産業界や官公庁に応用されることで、理論から実践
   への展開が可能となります。研究成果が社会的な価値を持ち、実際の課題解決に貢
   献します。
2. 資金とリソースの供給：産業界と官公庁からの資金やリソース提供により、より大
   規模な研究プロジェクトを進めることができます。学術機関の研究環境や設備が向
   上します。

3. 社会への影響力と貢献：学術研究が実務に結びつくことで、社会全体への貢献が増加します。持続可能な開発や公共政策の提案など、社会の発展に寄与する研究が可能です。

官（官公庁）のメリット：
1. 政策形成と実施の支援：官公庁は産業界や学術機関の知見を活用して、適切な政策や規制の策定・実施を行うことができます。実務的なアプローチを通じて社会の課題に対処します。
2. 社会課題の解決：官公庁は学術界や産業界と連携し、社会的な課題の解決に取り組むことで、国や地域の発展を促進する役割を果たします。持続可能な社会を築くための施策を推進します。

　産学官連携は、異なる部門の知識とリソースを結集し、持続可能な社会的な成果を生み出すための重要なアプローチです。

　ものの30秒足らずで、パタパタとはじき出されたこの内容をみて、唸ってしまった。「なんて、端的にまとめるのか」。断定的な決めつけがやや気になったが、むしろ潔い。もちろん、大局的な見地に過ぎないが、論理構成は「人間でない」とは思えない。これまでは、初歩的な質問には、チャットボットのような自動回答する会話型システムで十分だったのだが、複雑になるとすぐに向こうから匙を投げられた。

　企業・団体では、すでに煩雑な事務処理業務の改善に活かしたり、新しい事業を創出することに使ったりしており、コストの掛け方次第で汎用性はさらに広がる。権利保護や情報セキュリティなど、まだまだこれから解決していくべきことは山積らしいが、常態化していくのは間違いない。

　しかし、万能ではない。つまり、どう使えばいいのか、どの方面から精査するのか、どう判断し、どう決断するか。それはやはり、人間がすることである。「目的」と「根拠」を「データ・知識・スキル・教養」など総出で検証した結果に「熱意」でもって説得するのは、どんなにAIが進化しても、人間だろうし、そうあってほしい。

　例えば、課題図書の感想文やレポート、就職活動の際に提出を求められるエントリーシートなど、すでに活用している学生は少なからずいる。ただ、教員と採用担当者にいたっては、一般化された表現と、面談時の整合性の低い不自然さ、論理的根拠の低さなどから見破ることができると自信をのぞかせる。よって、子どものうちから「AIを過信し過ぎる怖さ」を失敗から学ばせておくことも必要ではないのか。このような時代こそ、失敗学が生きてくる。なんでも大人が規制して、失敗するチャンスを奪うことが、責任ある教育なのだろうか。

第6章

社会から
必要とされる人材とは

日本の政策

　わが国は、戦後の復興からこれまで、世界有数の科学技術力、そして国民の教育水準の高さによって高度成長を成し遂げてきた。しかし、近年は資源・エネルギーの高騰や円高により経済状況が悪化している。国際通貨基金（IMF）は、2023年の日本の名目国内総生産（GDP）がドルベースで世界3位から4位に転落し、ドイツに逆転されるとの見通しを示した（共同通信社、2023年10月23日配信）。科学技術の振興は経済再生の原動力であり、科学技術イノベーション政策を強力に推進し、再び世界にアピールしていくことが必要とされている。

<第6期科学技術・イノベーション基本計画（2022年3月26日閣議決定）>
　科学技術・イノベーション基本計画は、1995年に議員立法により制定された「科学技術基本法」に基づき策定する5ヵ年計画である。2021年度から2025年度を計画期間とする第6期の基本計画は、25年ぶりに実質的な改正が行われ、「科学技術・イノベーション基本法」へと名称を変更した改正基本法の下で策定される初の計画となる。
　「科学技術・イノベーション基本法」への改正の眼目は、法の振興対象に、これまで科学技術の規定から除外されていた「人文・社会科学」を加えるとともに、「イノベーションの創出」を柱の一つに位置付けたことにある。その目的は、第5期基本計画で掲げたSociety 5.0を現実のものとすることだ。Society 5.0は「サイバー空間とフィジカル空間を高度に融合させたシステムにより、経済発展と社会的課題の解決を両立する人間中心の社会（内閣府第5期科学技術基本計画、2016）」と定義される。この社会的課題には、気候変動を一因とする甚大な気象災害やパンデミックの発生などの差し迫った脅威などが挙げられる。これらの克服は、我が国にとって喫緊の課題であり、また、ICTの浸透が人々の生活をあらゆる面でより良い方向に変化させるDXの推進は、個々のニーズに適ったソリューションを提供する可能性を広げている。これらの実現は、企業のビジネスモデルの変化、さらには産業構造の改革につながり、ひいては我が国の国際競争力に資することを期待している。

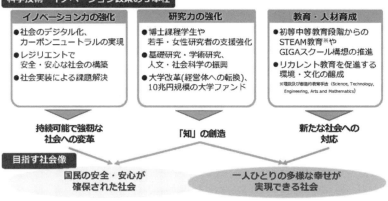

図9　第6期科学技術・イノベーション基本計画（概要）　内閣府

　今回の「第6期科学技術・イノベーション基本計画」も同じく、内閣府に存在する会議の一つ「総合科学技術・イノベーション会議」によって答申されたことによる政府の発表であり、内閣総理大臣のリーダーシップの下、科学技術・イノベーション政策の推進のための司令塔として、わが国全体の科学技術を俯瞰し、総合的かつ基本的な政策の企画立案及び総合調整を行っている。第6期基本計画が重点的に取り組む項目は、「持続可能で強靭な社会への変革」、「価値創造の源泉となる知の創造」、「新たな社会を支える人材の育成」の3点である（図9）。そして、総合科学技術・イノベーション会議（本会議）の下に設置されている専門調査会の一つである教育・人材育成ワーキンググループ（令和3年9月〜）によって、初等中等教育段階からSociety5.0時代の学びを実現し、好奇心に基づいた横断的な探究力の強化に向け、STEAM教育など問題発見・課題解決的な学びの充実を図るための具体策「Society5.0の実現に向けた教育・人材育成に関する政策パッケージ（2022年6月2日」）が追加された。教 育・人材育成システムの転換の方向性は、以下の3つの政策として示された。

<政策１>子供の特性を重視した学びの「時間」と「空間」の多様化
- 教育課程の在り方（教育内容の重点化、標準授業時数など教育課程編成の弾力化）の見直し
- サイエンス分野の博士やプログラミング専門家が教壇に立てるよう教員免許制度改革
- 教職員の配置や勤務の在り方の見直し
- 困難さに直面している子供たちの状況に応じた多様な学びの場の確保
- 探究力な学びの成果などを図るためのレポートやプレゼンなどの評価手法の開発
- 「教育データ利活用ロードマップ」に基づく施策の推進
- デジタル化を踏まえた国・地方・家庭の教育支出の在り方の検討
- 子供や学びの多様化に柔軟に対応できる学校環境への転換

　政策１では、すべての子供たちの可能性を最大限引き出すことを目指し、子供の認知の特性（発達障害の可能性、特異な才能がある、不登校傾向、日本語を話さないなど）を踏まえ、「個別最適な学び」と「協働的な学び」の一体的な充実を図り、「そろえる」教育から「伸ばす」教育へと転換し、子供一人ひとりの多様な幸せ（well-being）を実現する。このためには、皆同じことを一斉に行い、皆と同じことができることを評価してきたこれまでの教育に対する社会全体の価値観や平均点主義の評価軸を変えていくことも必要であることを明言した。

<政策２>探究・STEAM 教育を社会全体で支えるエコシステムの確立
【探究・STEAM 教育の充実】
- 高専等の小中学校の STEAM 拠点化
- 探究・STEAM の専門人材の配置に向けた高校の指導体制の充実
- 大学入試における探究的な学びの成果の評価
- 企業や大学、研究機関等と学校をつなぐプラットフォームの構築
- 企業の次世代育成投資に対する市場評価の仕組み
【特定の分野で特異な才能のある子供が直面する困難さを除去】
- 学校外プログラムに参加できる教育課程の特例や個別性の高い指導計画の策定

- 高専、SSH、大学、企業等での特異な才能のある子供の受け入れ
- 特異な才能のある生徒を積極的に受け入れる大学入試の改善

政策2では、小学生の頃から、子供の「なぜ？」「どうして？」を引き出す好奇心に基づいたワクワクする学びの実現や、高校段階で本格的な探究・STEAM（Science Technology Arts Engineering Mathematic）の分野横断的な学びが実現できるよう、学校だけでなく、社会全体で学校や子供たちの学びを支えるエコシステムを確立する。特異な才能のある子供が直面する困難を取り除き、その子供の「好き」や「夢中」を手放さない学びの実現のために、個別性の高い教育課程の仕組みを作るとともに、学校外における学びの場を社会全体で支えていく環境の実現を目指すということだろう。また、自然科学のみならず人文・社会科学も含めた多様な「知」の創造と、「総合知」が現存の社会全体を再設計することにより、将来的にグローバルにも通用するデジタル人材、グリーン人材育成等につなげたいというのが狙いだ。

＜政策3＞文理分断からの脱却・理数系の学びに関するジェンダーギャップの解消

- ジェンダーバイアスの排除のための社会的ムーブメントの醸成、ロールモデルの発信
- 高校段階の早期の文理分断からの脱却・高校普通科改革
- 文理分断からの脱却のための大学入試の改善
- ダブルメジャーやバランスの取れた文理選択科目等による大学等における文理分断からの脱却
- 学部や修士・博士課程の再編・拡充
- 女性が理系を選択しない要因の大規模調査の実施

政策3では、日本では男女問わず、高校段階の理数は世界トップレベルであるにもかかわらず、子供の頃から「女子は理系には向いていない」など根拠のないバイアスが保護者・学校・社会からかかり、女子の理系への進路選択の可能性が狭められている状況にある。その回避策として、出口となる大学側の学部や修士・博士課程の再編・拡充や職業観の変容などを同時並行で進めていき、ジェンダーギャップを解消し、子供の主体的な進路選択を実現

135

する。

　また、男女問わず、学校段階が上がるにつれ理数の楽しさが失われ文理の志向が「わからない」中学生が、高校段階で「文系」に流れていく状況を解消し、早期の文理分断から脱却を図る。何よりも、研究者として生きていくことの経済的不安、ライフイベントとの両立のしづらさを解消せねば、日本のイノベーション創出は世界から立ち遅れることを示唆しているといえよう。どのような社会構造の変化が起ころうとも、新しい価値を生み出すのは「人」である。これからは、人と違う特性や興味を持っていることが新しい価値創造・イノベーションの源泉となり「well-being（一人ひとりの多様な幸せ）」を実現できる「創造性」あふれる社会に向けた学びへの転換が教育現場だけでなく、社会の共通理解を求めている。

　参考：Council for Science, Technology and Innovation「Society 5.0 の実現に向けた教育・人材育成に関する政策パッケージ」総合科学技術・イノベーション会議 2022 年 6 月 2 日

わが国の若者の意識の特徴

　現代の若者の意識や特徴を改めて確認しておこう。我が国の若者の意識の特徴及び問題等を的確に把握し、子供・若者育成支援施策の検討の参考とすることを目的とした公益財団法人日本財団が行った調査の一つ『第 46 回「国や社会に対する意識」（6 カ国調査）』の結果をご覧頂きたい（図 10）。

　対象：日本・米国・英国・中国・韓国・インドの 17 歳〜 19 歳男女

　回答数：各国 1000 人

　期間：2022 年 1 月 26 日（水）〜 2 月 8 日（火）

　自身と社会の関わりについて、全ての項目で日本は 6 ヵ国中最下位である。特に「自分は大人だと思う」「自分の行動で、国や社会を変えられると思う」がそれぞれ 3 割に満たず、他国に差をつけて低い。慈善活動、寄付文化の涵養による社会学習よりも、日本では大学入学試験対策に勤しむべき年齢とも言える社会の共通認識がうかがえる。その他、政治や選挙と自身の関わりに

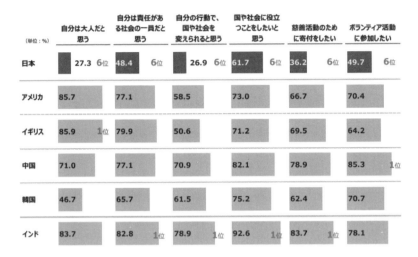

図10　自身と社会の関わりについて（各国n＝1000）

出典：日本財団18歳意識調査「第46回 –国や社会に対する意識（6カ国調査）–」報告書 2022年3月24日

ついての質問も、日本の若者は同意意見が少なく、「政治や選挙、社会問題について、自分の考えを持っている」「政治や選挙、社会問題について、積極的に情報を集めている」「政治や選挙、社会問題について、家族や友人と議論することがある」は6ヵ国中最下位となった。

　「18歳成人」の民法改正が2022年4月から施行されたものの、社会の構成員としての責任と自覚は他国と比べ回答数が少なく、「18歳成人」という立場に本人たちのみならず、保護者・学校・社会も、実は違和感を覚えているのではないだろうか。同時に、高等教育機関に対する大きな期待は、たやすく想像できる。

経済産業省「未来人材ビジョン」

　未来の不確実性と生産年齢人口（15 ～ 65歳人口）の減少を背景に、AI・ロボットとの共生の在り方や、リスキリング（社会人の学び直し）に対する関心が高まっている。同時に、脱炭素が一気に世界的潮流となった今、経済

産業省は2030年、2050年の産業構造の転換を見据えた、今後の人材政策について検討するため「未来人材会議」を設置し、2022年5月31日に「未来人材ビジョン」を公表した。2020年度の生産年齢人口は、約7400万人だったが、2050年には現在の2／3にあたる約5300万人にまで減少するという。

　これからの時代に必要となる具体的な能力やスキルを示し、今働いている方、これから働き手になる学生、教育機関等、多くの方々に伝えることで、それぞれが変わっていくべき方向性が明確になるのではないか。こうした問題意識から、本会議は出発した（未来人材ビジョン、2022）。2030年、2050年における日本の労働需要を推計した結果、「意識・行動面を含めた仕事に必要な能力等」をベースとして、我が国の次の社会を形づくる若い世代に対する期待を、以下のようにまとめている。

　＜未来人材ビジョンが掲げる人材像＞
　「常識や前提にとらわれず、ゼロからイチを生み出す能力」
　「夢中を手放さず一つのことを掘り下げていく姿勢」
　「グローバルな社会課題を解決する意欲」
　「多様性を受容し他者と協働する能力」

　このような意見が産業界、教育界、行政などから集約され、根源的な意識・行動面に至る能力や姿勢が明らかとなった。さらに、デジタル化や脱炭素化を受けた能力などの需要変化を仮定し、2030年および2050年に各能力などがどの程度求められるかを試算し、職種別・産業別の従事者数を推計している。そして、高度外国人材から選ばれない国となった現在の日本において、現場を支える人々を含めて、あらゆる人が時代の変化を察知し、能力やスキルを自己啓発し、絶えず更新し続けなければ、今後加速する産業構造の転換に適応できないと述べている。未来人材会議では、これを踏まえる形で、2030年、2050年における日本の労働需要を推計している。以下の「意識・行動面を含めた仕事に必要な能力等」は、56項目から成る人の能力等の全体が整理されたものである（表10）。

表10　意識行動を含めた仕事に必要な56の能力等

意識、行動面	ビジネス力	スキル	知識
意欲・積極性	情報収集	基盤スキル	科学・技術
自発性	状況変化の把握	学習スキル	化学・生物学
ねばり強さ	的確な予測	数理スキル	芸術・人文
向上心・探究心	的確な決定	言語スキル：文章	医療・保健
責任感・まじめさ	問題発見力	言語スキル：口頭	ビジネス・経営
信頼感・誠実さ	ビジネス創造	テクニカルスキル	外国語
人に好かれること	革新性	ヒューマンスキル	土木・建築
リーダーシップ	戦略性	コンピュータスキル	警備・保安
協調性	客観視	モノ等管理スキル	
柔軟性	説明力	資金管理スキル	
注意深さ・ミスがないこと	交渉力	段取りのスキル	
スピード			
社会常識・マナー	**基礎的機能**	**その他**	
身だしなみ・清潔感			
体力・スタミナ	基本機能	仕事に関係する人脈	
ストレス耐性	知的機能	資金力	
社会人、職業人としての自覚	感覚機能	仕事に関係する免許・資格	
現在の職業に特有の態度・行動	運動機能	現在の仕事に特有な知識や経験	

（出典）経済産業省未来人材ビジョン　2022（令和4）年5月

　次に、能力の需要変化の推計を示す（図11）。2015年あたりまでは、求められる能力として「注意深さ・ミスがないこと」「責任感・まじめさ」などの丁寧、実直さのようなところが重視されていたが、デジタル化・脱炭素化という大きな構造変化によって、2050年には「問題発見力」「的確な予測」「革新性」が必要になるとし、新たな未来をけん引する人材像を整理している。つまり、新たな未来をけん引するのは「好きなことにのめり込んで豊かな発想や専門性を身に付け、多様な他者と協働しながら、新たな価値やビジョンを創造し、社会課題や生活課題に『新しい解』を生み出せる人材」だという。

2015年	
注意深さ・ミスがないこと	1.14
責任感・まじめさ	1.13
信頼感・誠実さ	1.12
基本機能（読み、書き、計算、等）	1.11
スピード	1.10
柔軟性	1.10
社会常識・マナー	1.10
粘り強さ	1.09
基盤スキル※	1.09
意欲積極性	1.09
：	：

※基盤スキル：広く様々なことを、正確に、早くできるスキル

2050年	
問題発見力	1.52
的確な予測	1.25
革新性※	1.19
的確な決定	1.12
情報収集	1.11
客観視	1.11
コンピュータスキル	1.09
言語スキル：口頭	1.08
科学・技術	1.07
柔軟性	1.07
：	：

※革新性：新たなモノ、サービス、方法等を作り出す能力

図11　56の能力等に対する需要変化の推計
出典：未来人材ビジョン、2022　PDF p20より一部を抜粋
（注）　各職種で求められるスキル・能力の需要度を表す係数は、56項目の平均が1.0、標準偏差が0.1になるように調整している。　（出所）2015年は労働政策研究・研修機構 「職務構造に関する研究Ⅱ」、2050年は同研究に加えて、World Economic Forum "The future of jobs report 2020", Hasan Bakhshi et al., "The future of skills: Employment in 2030"等を基に、経済産業省が能力等の需要の伸びを推計。

　また、こういった人材は「育てられる」のではなく、ある一定の環境の中で「自ら育つ」という視点が重要と説く。具体的には、これからのデジタル時代では、教育を「知識」の習得と「探究力の鍛錬」という2つの機能に分け、レイヤー構造として捉え直すべきだと提言している。「知識を習得する」というレイヤーでは「デジタルを基盤に、企業や大学などの教育プログラムを共通の知として整備することで、誰もが年齢や居住地を問わずにアクセスし、個別最適な学びを実現させるべき」だという。また、「探究力を鍛錬する」レイヤーでは「社会課題や生活課題の当事者として、課題の構造を見極めながら、自分に足りない知恵を集め、異なる他者との対話を通じて、協働的な学びが行われるべき」と提言している。その際に、世の中の社会課題を機敏に感知するスタートアップの知見を教育にも取り入れる必要があるという点も挙げている。
　さらに、高等教育の問題点についても言及し、高等教育の頂点たる日本の大学院教育を受けた博士人材の社会的評価が埋没している可能性を指摘して

いる。博士人材自身が早期に社会に出て企業実務に貢献することや、社会人が年齢に囚われず博士課程に入り直すことを促す中で、大学と実業の双方で多様なキャリアパスを実現することが重要だと説明する。2040年のあるべき教育システムを実現するためには、2030年代の教育が変わる必要があり、その枠組みを変えるには2020年代前半に大きな変化を起こす必要性がある（林、2022）。

その上で、「未来ビジョン」では、これから向かうべき2つの方向性を示した。
1. 旧来の日本型雇用システムからの転換
2. 好きなことに夢中になれる教育への転換
その具体策は、それぞれ以下の通り示された。

1. 旧来の日本型雇用システムからの転換
（1）人を大切にする企業経営へ
　　具体策①　人的資本経営に取り組む企業を一同に集め、互いを高め合いながら、変化を加速させる「場」を創設するべきである。
　　具体策②　インターンシップの適正化を図る一方で、学生の就業観を早期に培い、目的意識を持った学業の修得、有為な若者の能力発揮にも資するよう、インターンシップを積極的に活用する仕組みに変えるなど、新卒一括採用だけでなく通年採用も並列される社会へ変革するべきである。
（2）労働移動が円滑に行われる社会に
　　具体策①　"ジョブ型雇用"の導入を検討する企業に向けた ガイドラインを作成するべきである。
　　具体策②　退職所得課税[17]をはじめとする税制・社会保障制度については、多様な働き方やキャリアを踏まえた中立的な制度へ見直すべきである。
　　具体策③　兼業・副業は、社内兼業も含めて、政府としてより一層推進すべきである。
　　具体策④　働き手の学びへの意欲とキャリア自律意識を高めるための取組とし

17　個人が退職した際に受け取る退職所得に対して課される税金のこと

て、「学び直し成果を活用したキャリアアップ」を促進する仕組みを創設するべきである。

具体策⑤　スタートアップと大企業の間の人材の行き来を、政府としても支援すべきである。地域の産学官による人材育成・確保のための機能を強化すべきである。

具体策⑥　地域における人材の活躍に向けて、地域の産学官による人材育成・確保のための機能を強化すべきである。

具体策⑦　未来に向けた労働時間制度のあり方について検討すべきである。

　すなわち、日本の経済成長が鈍化し、日本企業特有の賃金・人事制度の前提とされた「成長の継続」が見込めなくなった結果、1990年代からは日本型雇用システムの限界が指摘されはじめた。その上で、同ビジョンでは現実を直視し、企業の終身雇用や年功序列に代表される「日本型雇用システム」などの雇用・人材育成システムにおける「聖域なき見直し」の重要性を挙げている。具体策⑤のスタートアップと大企業の間の人材の行き来の政府による支援、地域の産学官による人材育成・確保のための機能の強化が、明言されたことはイノベーション創出によるクリエイティブな人材の育成が経済の発展には重要な意味を成すことが明記された。工業系の大学のみならず、人文・社会系の学部や大学と若者の連携にも未来を自ら作り出す人材育成の場として、産学官の活発な連携が柔軟な労働移動の潤滑油となることを期待したい。

2. 好きなことに夢中になれる教育

具体策①　教育課程編成の一層の弾力化や、多様な人材・社会人が学校教育に参画できる　仕組みの整備など、時間・空間・教材・コーチの組み合わせの自由度を高める教育システムの改革に向けて更に議論を深めるべきである。

具体策②　高校においては、全日制や通信制を問わず、必要に応じて対面とデジタルを組み合わせることができるように転換すべきである。

具体策③　公教育の外で才能育成・異能発掘を行おうとする民間プログラムの

全国ネットワークを創設すべきである。兼業・副業は、社内兼業も含めて、政府としてより一層推進すべきである。人的資本経営に取り組む企業を一同に集め、互いを高め合いながら、変化

を加速させる「場」を創設するべきである。

具体策④　「知識」の獲得に関する企業の研修教材や大学講義資料等は、デジタルプラットフォーム上で解放を進め、誰でもアクセスできる形で体系化していくべきである。これにより、教員の方々のリソースを、「探究力」の鍛錬に集中させることができる。

具体策⑤　大学・高専等における企業による共同講座の設置や、自社の人材育成に資するためのコース・学科等の設置を促進すべきである。

　具体策③については、本研究の連携先としてお世話になった「兵庫県中小企業家同友会」が該当すると言えるだろう。このように、一人ひとりの認知特性・興味関心・家庭環境の多様性を前提に、学内外にかかわらず、好きなことに夢中になれる教育への転換を提言している。

　経済産業省は、今回の「未来人材ビジョン」は、最初の出発点であり、雇用制度や業界の人材育成の在り方に関する議論を喚起するためのものでもあるとしている。前述した内閣府の「第6期科学技術・イノベーション基本計画」も同じく、日本政府の危機感は共通していると感じた。各教育機関、特に大学教育における具体的な産学連携教育のカリキュラムの具体化は、急ぐべきだ。

OECDラーニングコンパス2030

OECDは、国際経済全般について協議することを目的とした国際機関であり、1961年の発足当初から、経済発展を支える重要な要素である教育に深い関心を寄せてきた（白井・諏訪・森, 2021)。OECD生徒の学習到達度調査PISA（Programme for International Student Assessment）と呼ばれる国際調査における2003年の調査で、明らかとなった日本の読解力と数学的応用力の低下が「PISAショック」となって「ゆとり教育」の再検討につながったこ

とは、胸に刻まれていることだろう。そこで、注目されたのが「キー・コンピテンシー」であった。一般的にOECDキー・コンピテンシーと呼ばれる能力は、3つのカテゴリーの下位概念である9つの能力で構成される。

「1，相互作用的に道具を用いる」／A.言語、シンボル、テキストを相互作用的に用いる／B.知識や情報を相互作用的に用いる／C.技術を相互作用的に用いる。

「2，異質な集団で交流する」／A.他者と良好な関係をつくる／B.協働する／C.争いを処理し、解決する。

「3，自律的に活動する」／A.大きな展望の中で活動する／B.人生計画や個人的プロジェクトを設計し実行する／C.自らの権利、利害、限界やニーズを表明する（ドミニク・ローラ、立田慶裕監訳, 2006）。

　これらは、「コンピテンシーの定義と選択：（DeSeCo プロジェクト 1997-2003)」により、国際的に共通する現代人の主要な能力として定義され普及してきた。特定の状況の中で、心理的・社会的な資源（技能や態度を含む）を引き出し活用することにより、複雑なニーズに応じる能力、個人の幸福と、よりよき社会が同時に実現できる。「何を学ぶか」から「何ができるか」に転換させ、人の根源的な特性に基礎づけられた大きな視点となった。

　その OECD が 2015 年に立ち上げた Education 2030 プロジェクトにおいて、第一フェーズの最終年（2019 年）に提示したのが「ラーニング・コンパス 2030（OECD Learning Compass 2030 Concept Notes)」である。図 12 はラーニング・コンパス 2030 の概要を示したものであり、ここでは学習者が学びの羅針盤（コンパス）を用いて、学習者「Student agency」が最終目標であるウェルビーイングを目指す姿を、デジタルツールを用いて立体的に見ることができる。心理学などの分野では、エージェンシーとは「行為主体」を意味する言葉である。コンパスの磁針の部分には「知識（Knowledge,)」「態度（Attitudes)」「スキル（Skills)」「価値観（Values)」という従来から重視されてきたコンピテンシーが記されているが、新たに追加されたコンピテンシーとして注目したいのは、コンパスの盤面に記されている「新たな価値の創造（Creating new value)」「対立やジレンマへの対処（reconciling conflicts, tensions and dilemmas)」「責任ある行動

（taking responsibility）」の3つからなる「変革をもたらすコンピテンシー（Transformative competencies）」である。この「エージェンシー（Agency）」と「変革をもたらすコンピテンシー」に鮮明に打ち出されているのは、能動性である。簡潔に表現すると、「変化に対応する教育」から「変化を起こす教育」への転換と言える。社会のどのような変化にも適応できる汎用性の高い能力を整理した「キー・コンピテンシー」に対して、「ラーニング・コンパス2030」で最重要視されているのは、社会を変革していく能力である（白井・諏訪・森, 2021を加筆）。

　また、ラーニング・コンパスは、「教育の未来に向けての望ましい未来像を描いた、進化し続ける学習の枠組み」であり、「私たちの望む未来（Future We Want）、つまり個人のウェルビーイングと集団のウェルビーイングに向けた方向性を示す」としている。

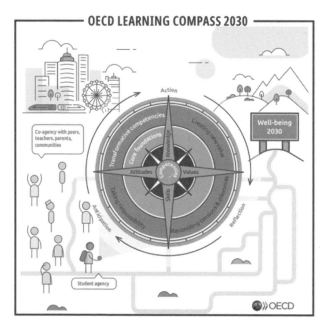

図12　OECD（2019）" OECD Future of Education and Skills 2030
出典：https://www.oecd.org/education/2030-project/teaching-and-learning/learn-ing/learning-compass-2030/OECD_Learning_Compass_2030_concept_note.pdf

OECD 教育と未来のスキル：Education 2030 仮訳（案）より以下抜粋

　無目的な行動を続けていれば，科学技術の急激な進歩は，格差や社会
的不安定さを拡大し，資源の枯渇を加速させることになろう。21 世紀
に入り，こうした目的はウェルビーイングの観点から定義されること
が増えてきた。しかしながら，ウェルビーイングは，所得や財産，職
業，給料，住宅などの物質的な資源へのアクセス以上のものを含む概
念であり，健康や市民としての社会参画，社会的関係，教育，安全，
生活への満足度，環境などの，生活の質（QOL）にも関わるもので
ある。これらへの公平なアクセスは，社会全体の包摂的な成長を下支
えするものである。教育には，包摂的で持続的な未来を作り上げてい
くことに貢献し，またそこから恩恵を受けることができるような知識
やスキル，態度及び価値を育成していくという極めて重要な役割があ
る。これからの数年で，明確で目的のはっきりした目標を立てるよう
に学ぶこと，異なる考え方を持った人々と協働すること，まだ利用さ
れていない機会を見つけること，重大な課題に対する複数の解決策を
把握することなどが，不可欠な能力となるだろう。若者を教育するの
は，働くための準備をすることだけが目的ではない。前向きで，責任
ある行動をとることができる，積極的に社会参画することができる市
民となっていくためのスキルをつけなければならないのである。

　ウェルビーイングの指標として、仕事、収入、住宅、ワーク・ライフ・バ
ランス、教育、安全、生活満足度、健康、市民活動、環境、コミュニティな
ど多岐にわたるが、国や地域、年齢や性別、立場などによって、実際のウェ
ルビーイングは大きく異なる。まさに、ダイバーシティ・インクルージョン
を活用した教育の未来が求められているとも言える。そのウェルビーイング
に向かって、意図的に責任を持って行動するための反復プロセス「ＡＡＲ サ
イクル」見通し（Anticipation）、行動（Action）、振り返り（Reflection）が
OECD ラーニング・コンパス（学びの羅針盤）2030 の重要な構成要素に含
まれる。

　OECD 教育スキル局長のアンドレアス・シュライヒャーは、「単に自分が

良い仕事や高い収入を得るということだけでなく、友人や家族、コミュニティや地球全体のウェルビーイングのことを考えられなければならない」「2030年にむけて、教育を通じて、学習者は、自らの人生を形作り、また、他者の人生に貢献していくためのエージェンシーや目的意識、必要なコンピテンシーを身に付けるには、どうしたらよいか」の準備をはじめるべく人々にインスピレーションを与え、生徒をより深く知ったりするためのツールであり、学習の新しいエコシステムに貢献するような場を提供していることを呼びかけ、広く意見を募っている。

エージェンシー（Agency）

　OECD（2018）ポジションペーパーによると、エージェンシーとは「社会参画を通じて人々や物事、環境がより良いものとなるように影響を与えるという責任感を持っていることを含意する」とあり、これは、我が国の新学習指導要領で示される「主体性」に近い概念ともいえる。また、OECD Learning Framework 2030（OECD, 2019）では、複雑で不確かな世界を歩んでいくために、「進んでいくべき方向性を設定する力や、目標を達成するために求められる行動を特定する力を必要とする」としている。エージェンシーの発揮を可能にするには、教育者は学習者の個性を認めるだけではなく、例えば、教師や仲間たち、家族、コミュニティなど、彼らの学習に影響を与えているより幅広い関係性を認識する必要がある。この学習枠組みの基礎となる概念が、「共同エージェンシー（co-agency）」であり、すなわち、学習者が目指す目標に向かって進んでいくことを支える、双方向的で互恵的な協力関係を指している。そこで、OECD Student Agency for 2030 仮訳から、共同エージェンシーに関する記述を紹介する。

　　共同エージェンシーは他者との関係性に基づく：保護者、仲間、教師、そしてコミュニティ　保護者や仲間、教師、そして広い範囲のコミュニティは生徒が持つエージェンシーの感覚に影響を与え、また生徒も保護者や仲間、教師が持つエージェンシーの感覚に影響を与

え、子どもの成長やウェルビーイングによい影響を与える好循環を
つくります（Salmela-Aro, 2009）。つまり「協働的なエージェンシー
(Collaborative Agency)」としてしばしば言及される「共同エージェ
ンシー(Co-Agency)」は、人を取り巻く環境がその人の持つエージェ
ンシーの感覚に与える影響を含んでいます。効果的な学習環境は、生
徒、教師、保護者、コミュニティが共同して働く「共同エージェン
シー」の上に構築されます（Leadbeater, 2017）。教育の目標のひとつ
として、生徒が潜在能力を発揮するために必要なツールを提供するこ
とが挙げられます。教育の目標は生徒と教師だけが共有するものでは
なく、生徒の保護者や広い範囲のコミュニティとも大きな教育エコシ
ステムのなかで共有されるものなのです。こうすることで生徒は学校
だけでなく、家庭やコミュニティでも活躍できる「ツール」を発見す
ることができます。またこの文脈においては生徒だけではなく、教師
や学校管理職、保護者、そしてコミュニティの全員を学習者と捉える
ことができます（秋田ら、2020）。

　さまざまなステークホルダーを有する環境において、共同エージェンシー
の中で重要な役割を果たす存在の一人が、教師でありコミュニティだ。
　三浦（2020）は、生徒（学習者）エージェンシーを育てるためのきっかけ
を与えたり、育てたり、継続的に伸長させたりすることが可能な立場にいる
教師エージェンシーの重要性を以下のように説明した。

　伝統的な教師の仕事は、固定化された知識を一方的に伝達したり、社会に
適応するための訓練を行ったりすることが中心で、生徒エージェンシーを受
け止めないばかりか、教師自身のエージェンシーを意識にのぼらせることも
きわめて困難です。教師エージェンシーは、教育行政や学校内の環境も大き
く影響するところとなり、指導主事や管理職のエージェンシーも重要という
ことになります。いわば生徒エージェンシーを取り囲むエージェンシーの連
鎖こそが、最も理想的な学習環境ということです。

　本研究では、共同エージェンシーのうち、特に仲間、教師、そして産業界というコミュニティに属する人々が、各々のウェルビーイングに向けて初年次学生と相互作用して成長していくさまについて、OECD Learning Compass 2030 に合致していると考える。コミュニティの一つである企業家団体を産学連携教育として学習者の学びの機会に活用することは、学習者のみならず、社会により良い未来の創造に向けた変革を起こすには重要な取り組みの一つとなるはずだ。

共同エージェンシーの段階

　残念ながら、子どもを対象にしたプロジェクトの多くは大人によって設計および運営がなされ、生徒は果たすべき役割を有しないか、大人から利用されるだけに留まっている。社会学者ロジャー・ハートが 90 年代初頭に開発した、子どもによる活動や意思決定への参画レベルを表した「参画のはしご」（Hart, 1992）がある。それを、OECD 生徒フォーカスグループの生徒たち（10 ヵ国から任意でラーニング・コンパスの発展のかじ取りを助けることに加わり、かつそれぞれの国から選出）が、はしごのモデルをもとに「共同エージェンシーの太陽モデル」を作成した。モデルに基づいた共同エージェンシーの段階を表した表 12 を参照する。

　生徒たちは、新しく追加された「沈黙」以外のすべての共同エージェンシーの段階で大人との協働を示すことを望んだ。つまり、「沈黙」の段階では、若者が貢献できると若者も大人も信じておらず、大人がすべての活動を主導し、すべての意思決定を行うのに対して、若者は沈黙を保っている状態を意味するからだ。しかし、共同エージェンシーの最初の 3 段階（「操り」、「お飾り」、及び「形式主義・形だけの平等」）では、生徒は意思決定に貢献できると考えるが、そうする機会を与えてもらえないことを指している。共同エージェンシーの段階は高ければ高いほど、生徒と大人双方のウェルビーイングにとって良いということになる（参照：Student Agency for 2030 仮訳）。

　改めて、生徒（学習者）エージェンシー（Student Agency）を整理する。生徒エージェンシーの定義に関する国際的な意見の一致はないものの、生徒

表12　共同エージェンシーの段階（Student Agency for 2030仮訳）

0. Silence	Neither young people nor adults believe that young people can contribute, and young people remain silent while adults take and lead all initiatives and make all decisions.
1. Manipulation	Adults use young people to support causes, pretending the initiative is from young people.
2. Decoration	Adults use young people to help or bolster a cause.
3. Tokenism	Adults appear to give young people a choice, but there is little or no choice about the substance and way of participation.
4. Assigned but informed	Young people are assigned a specific role and informed about how and why they are involved, but do not take part in leading or taking decisions for the project or their place in it.
5. Adult led with student input	Young people are consulted on the projects designed, and informed about outcomes, while adults lead them and make the decisions.
6. Shared decision making, adult led	Young people are a part of the decision-making process of a project led and initiated by adults.
7. Young people-initiated and directed	Young people initiate and direct a project with support of adults. Adults are consulted and may guide/advise in decision making, but all decisions are ultimately taken by young people.
8. Young people-initiated, shared decisions with adults	Young people initiate a project and the decision making is shared between young people and adults. Leading and running the project is an equal partnership between young people and adults.

引用元: Hart, R. (1997), *Children's Participation: The Theory and Practice of Involving Young Citizens in Community Development and Environmental Care*, UNICEF. Modified from the Ladder of Student Participation by the OECD Student Sphere (Linda Lam, Peter Suante, Derek Wong, Gede Witsen, Rio Miyazaki, Celina Færch, Jonathan Lee and Ruby Bourke).

0.	沈黙	若者が貢献できると若者も大人も信じておらず、大人がすべての活動を主導し、すべての意思決定を行うのに対して若者は沈黙を保つ。
1.	操り	主張を正当化するために大人が若者を利用し、まるで若者が主導しているかのように見せる。
2.	お飾り	主張を助ける、あるいは勢いづけるために大人が若者を利用する。
3.	形式主義・形だけの平等	大人は若者に選択肢を与えているように見せるが、その内容あるいは参加の仕方に若者が選択する余地は少ない、あるいは皆無である。
4.	若者に特定の役割が与えられ、伝えられるだけ	若者には特定の役割が与えられ、若者が参加する方法や理由は伝えられているが、若者はプロジェクトの主導や意思決定、プロジェクトにおける自分たちの役割に関する判断には関わらない。
5.	生徒からの意見を基に大人が導く	若者はプロジェクトの設計に関して意見を求められ、その結果について報告を受けるが、大人がプロジェクトを主導し、意思決定を行う。
6.	意思決定を大人・若者で共有しながら、大人が導く	大人が進め、主導するプロジェクトの意思決定の過程に、若者も参画する。
7.	若者が主導し、方向性を定める	若者が大人の支援を受けてプロジェクトを主導し、方向性を定める。大人は意見を求められたり、若者が意思決定しやすいように指針やアドバイスを与えたりするが、最終的にすべての意思決定は若者が行う。
8.	若者が主導し、大人とともに意思決定を共有する	若者がプロジェクトを主導し、意思決定は若者と大人の協働で行われる。プロジェクトの進行や運営は若者と大人の対等な立場で共有される。

が社会に参画し、人々、事象、および状況をより良い方向へ進めようとする
上で責任を持つという感覚を示している。エージェンシーは方向付けとなる
目的を設定し、目標を達成するために必要な行動を見いだす能力が必要だと
前述したが、働きかけられるというよりも自らが働きかけることであり、型
にはめ込まれるというよりも自ら型を作ることであり、また他人の判断や選
択に左右されるというよりも責任を持った判断や選択を行うことを指してい
る。生徒エージェンシーは生得的人格特性ではなく、伸ばすことも学ぶこと
もできるものだ。

> 生徒エージェンシーはアイデンティティと所属感の発達に関連してい
> ます。エージェンシーを育むとき、生徒はモチベーション、希望、自
> 己効力感、そして成長する思考態度（能力や知能は発達可能であると
> いう理解）を支えとしてウェルビーイングの方向へと指針を合わせま
> す。こうすることで生徒は目的意識を持って行動することができ、社
> 会に出ても活躍できるようになるのです。（中略）生徒エージェン
> シーを奨励するシステムでは、学習は、指導や評価だけではなく共に
> 構築する営みであるという考え方が含まれます。そのようなシステム
> では、教師と生徒が互いに教えと学びの過程の共同制作者になるので
> す。そうすることで、生徒は自らの教育の中で目的意識を身につけ、
> 学びのオーナーシップを得るようになります。（Student Agency for
> 2030 仮訳）。

　ここまで、国内の政策、国際的な学習の枠組みを概略ではあるが大局的に
みてきた。しかし、共通するものは、「主体」「協働」であり、しかも自らが
選択し働きかけて責任をもった判断や決断をしていくことが、これからの人
材として内包しあっていると理解できた。これまで、日本の教育では、周囲
にポジティブな影響を与えることや変革を起こすことはあまり明確になって
いなかった。したがって、これらの点について、エージェンシー概念は示唆
的である。なお、責任ある行動という説明があるが、自己責任論ではなく、
道徳に裏付けられた自立した行動という意味であろう。「学びのオーナーシッ

プ」はエージェンシー概念の核心の一つであり、日本の教育に示唆的である
と言えよう。なぜなら、「学びのオーナーシップ」は明確に生徒の主体性や
イニシアティブを志向しており、とかく教師主導になりがちな教育界の人々
に再考を促す概念だからである（Hiroshi Sato、2022）。まさしく、自ら育つ、
学びのオーナーシップは、学習者がラーニング・コンパスを回すことを促進
させるだろう。

　これらの新しいコンピテンシーの獲得によって「自分の行動で国や社会を
変えられる」と信じることができるように成長してくれることを期待せずに
はいられない。

国際バカロレア

　国連は2030年に向けた17の持続可能な開発目標（SDGs）を2015年に定
義した。それらは様々な領域を網羅しており、質の高い教育のみならず、貧
困と飢餓の根絶、健康の確保、ウェルビーイング、ジェンダーの平等、気候
変動に対する取組みなどを含む。急速に広がるデジタル化、気候変動、人工
知能の発展の3つの要因だけとっても、各方面によるさまざまな専門家の議
論はあるものの、これらは教育の目標や方法を根本的に見直すエビデンスと
して十分に果たしている。

　その中でも、教育のグローバル化と持続可能なイノベーションが喫緊の課
題である日本において、世界基準の国際的な感覚を身につけるプログラムが
日本に存在するのかどうかが気になった。そして、たどりついたのが、「国
際バカロレア（IB: International Baccalaureate）」だ。

　国際バカロレア機構（以下「IBO」）は、元々、インターナショナルスクー
ルの卒業 IBO 生に国際的に認められる大学入学資格を与え、大学進学への
ルートを確保するとともに、学生の柔軟な知性の育成と国際理解教育の推
進に資することを目的として、1968年に発足した非営利の教育機関である。
ユネスコや多くの国々の政府機関、財団基金の協力を得て、認定校に対する
共通カリキュラムの作成や、国際バカロレア試験の実施及び国際バカロレア
資格の授与などを行っている。今では、グローバル人材に限らず、これから

の社会の中核を支える人材に共通して求められる資質を育成する教育プログラムとして、世界中で評価されている。

　IBO は、スイス・ジュネーブにあり、すでに 55 年の歴史がある。IBO が認可した学校のみで受講することができ、授業を受けて試験に合格するとディプロマが発行される。認定校は、世界で 159 の国と地域で約 5,600 校が認定されており、生徒数は 195 万人に及ぶ（https://ibo.org/）。日本国内の IB 認定校等数は、216 校 (2023 年 9 月 30 日時点) である（出典：文部科学省 IB 教育推進コンソーシアム https://ibconsortium.mext.go.jp/）。国際バカロレア資格は、国際的に通用する大学入学資格として、世界の多くの大学において幅広く受け入れられており、海外の大学入学者選抜において IB のスコアが広く活用される。では、どのような国際的な教育プログラムなのか。表12 にまとめたものをご覧いただきたい。

　初等教育プログラムである PYP から段階を踏まなくとも、DP の課程を修了し、DP 資格取得のための統一試験に合格すれば、IB 資格を取得できる。わが国においては、1979（昭和 54）年に「スイス民法典に基づく財団法人である国際バカロレア事務局が授与する国際バカロレア資格を有する者で 18 歳に達した者」について、大学入学に関し高等学校を卒業したものと同等以上の学力があると認められる者としてすでに指定されている。しかし我が国における国際バカロレア資格の認知度はいまだ低く、特に DP については、英語等で授業を実施することが求められるため、各学校にとってはハードルの高いものとなっているのが現状なのだ。ちなみに、関西圏で早期に導入を開始した学校の一つに、立命館宇治高等学校がある。

表12　　3つのプログラムと概要

プログラム	対象年齢	概要
PYP Primary Years Programme 初等教育プロ グラム	3 〜 12 歳	精神と身体の両方を発達させることを重視 ・カリキュラムでは「何を学びたいか 」「どうしたら一番よく学べるか」「どうしたら何を学んだか分かるのか」という３つの質問を中心に構成され、どのような言語でも提供可能。 ・カリキュラムの基礎には 「私達は何者なのか」 「私達はどのような時代、場所 に生きているのか」 「私達はどうやって自分を表現するか」 「世界はどう動いているか」 「私達は自分たちをどう組織しているか」 「地球の共有」といった６つの学際的なテーマがあり、これらのテーマに取り組むべく 「概念・知識・技術・態度・行動」の５つの基本要素が組み込まれている６つの教科（言語、社会科学、数学、芸術、科学、体育と個人教育）を実施
MYP Middle Years Pro- gramme 中等教育プロ グラム	11 〜 16 歳	青少年に、これまでの学習と社会のつながりを学ばせるプログラム ・カリキュラムは 「学習の姿勢」「共同体と奉仕」「人間の創造性」「多様な環境」「健康と社会教育」といった５つの交互領域を各教科（第一言語、第二言語、人文、科学、数学、芸術、体育、技術） に取り入れる。最終学年に個人プロジェクトに取り組む。 ・どのような言語ででも提供可能。また、学習期間は５年と設定されているが、もっと短い期間での学習も可能。
DP Diploma Programme ディプロマプ ログラム	16 〜 19 歳	合格すると世界各国で認められている大学入学資格を得られる最終試験があるプログラム ・総合的でバランスのとれたカリキュラムを提供し、高度な試験と評価を実施することによって、認定校の生徒が高度な知的水準や学術水準に挑戦すると同時に、責任ある地域社会の一員となり、国際理解を深める総合教育を行っている。

参考：出典：国際バカロレア・ディプロマプログラム「ＴＯＫ」に関する調研究協力者会議（2012）「国際バカロレア・ディプロマプログラムTheory of Knowledge （TOK）について」平成24年8月

IBOは、国際バカロレアのカリキュラムや指導方法、評価方法の検討を行う際の参考になるよう、ディプロマプログラム（DP）の中核である TOK（Theory of knowledge）を中心に、国際バカロレア認定校における指導事例などを公開している。参考として、国際バカロレアの学習者像（The IB Learner Profile）を示す。

> Inquirers　探究する人
> Knowledgeable　知識のある人
> Thinkers　考える人
> Communicators　コミュニケーションができる人
> Principled　信念のある人
> Open-minded　心を開く人
> Caring　思いやりのある人
> Risk-takers　挑戦する人
> Balanced　バランスのとれた人
> Reflective　振り返りができる

出典：国際バカロレア・ディプロマプログラム「ＴＯＫ」に関する調査研究協力者会議（2012）「国際バ　カロレア・ディプロマプログラムTheory of Knowledge（TOK）について」平成24年8月

　その他にも資格取得要件があり、DP取得のためには、以下の3つを満たす必要がある。

　ア　Extended Essay（EE：課題論文）
　　生徒が学んでいる科目に関連した研究課題を決めて、自分で調査・研究を行い、4,000ワード以内で学術論文にまとめる

　イ　Theory of Knowledge（TOK）
　　学際的な観点から個々の学問分野の知識体系を吟味して、理性的な考え方と客観的精神を養う。さらに、言語・文化・伝統の多様性を認識し国際理解を深めて、偏見や偏狭な考え方を正し、論理的思考力を育成する。

ウ　Creativity / Action / Service（CAS：創造性・活動・奉仕）

　　教室を出て広い社会で経験を積み、いろいろな人と共同作業すること
　により、協調性、思いやり、実践の大切さを学ぶ。2年間にわたり、
　創造性、活動、奉仕のそれぞれについて50時間ずつ（合計150時間）実
　施することが必要となる。

＜TOK におけるキーワード＞

　ⅰ）Knowledge Issue

　　　知識を獲得する、追究する、生み出す、形作る、受け入れるなど、知
　　識との様々な関わりを通じ、自分自身や周囲の人々、さらに、それを
　　取り巻く世界を理解していく上で生じる様々な疑問。

　ⅱ）知るための方法（Ways of knowing）

　　　TOK においては、知識を獲得するための方法として、知覚、感情、
　　言語、根拠という4つの主な方法がある。

　ⅲ）知識の領域（Areas of knowledge）

　　　数学、自然科学、ヒューマンサイエンス、歴史、芸術、倫理といっ
　　た、我が国における教科等にあたるような一般的な分類の領域。この
　　領域においては、知識を教科等に分類する理論的な根拠とともに、各
　　分野間の比較に関する課題を取り扱う。

　ⅳ）Knowledge claim

　　　実際ある事実に対する主張を指す。生徒たちは、Knowledge claimsの
　　種類を区別することを学ぶ。例えば、科学や歴史の中の事実に基づく
　　主張、倫理における価値又は宗教的信念に基づく主張など。

　このように、論理的思考力や批判的思考力、創造的思考力、それらを広げ
る対話型学習などが導入されており、一方通行の講義型授業との違いが明確
に打ち出されている。高等学校段階で実施される国際バカロレアプログラム
の成果を研究している赤塚ら（2023）は国内ディプロマ・プログラムの授業
を受けもつ、5名の教師らに対する聞き取り調査を行った結果、正解が1つ
とは限らない問いへの応答を中心とした指導を行い、学習者同士の対話が促

される学習環境を創出し、パフォーマンス評価を念頭に置きながら、知識理解と概念理解の指導バランスを図っていく重要性を示唆している。

＜キャリア関連プログラム：CP ＞

国際バカロレアの中の 4 つ目のプログラムとして 16 ～ 19 歳対象の、キャリア形成スキルの習得を重視したキャリア関連プログラム（CP：Career-related Programme）があるが、その存在はあまり知られていない。文部科学省 IB 教育国際推進コンソーシアムによると、わが国における CP 認定校は 0 校、候補校 1 校（令和 5 年 12 月 31 日時点）という現状である。

CP は、キャリア関連の教育に従事する学生のニーズに対応する独自のプログラムに国際バカロレアの価値観を組み込んだ国際教育の枠組みである。このプログラム導入によって、高等教育への進学、技術研修（見習い制度）、または雇用につながりやすくなる。主要な要素となる「CP コア：the CP core」では、体験学習に重点を置いて、学習者の個人的および対人関係の発達をも促進させる。すべての CP 学生は、CP コアの 4 つの要素（内省的プロジェクト、奉仕学習活動、個人的および専門的スキル、言語開発）を完了する必要があり、CP コアを通じて、学生は生涯学習に必要な個人的資質と専門的スキル、および知的習慣を発達させる。評価は、学校が行い、国際バカロレアによって管理および採点される。すなわち、応用知識、批判的思考、コミュニケーション、異文化交流において、移転可能で生涯にわたるスキルを習得しながら、キャリア学習に従事したい学生のために開発された、いわばキャリア教育プログラムである。

国際バカロレアアカデミックコースとキャリア関連の学習を橋渡しし、学生にアカデミックスキルと実践スキルの組み合わせを提供することが可能になった包括的な教育フレームワークによって、学生を次のように育成することを目標にしている。

Academically strong（学問に強い）

Skilled in a practical field（実践的な分野に熟練している）

Critical and ethical thinkers（批判的で道徳的な思考）

Self-directed（自律的自己管理）

Collaborative（連携協力）

Resilient and determined（柔軟な発想と決断力）

Confident and assured（自信と確信）

Caring and reflective（思いやりと内省）

Inquirers（調査・探究者）

（国際バカロレア機構「CP プログラム」より筆者が訳）

　そして、学生は CP からのどのような恩恵を受けることができるのか、国際バカロレア機構「CP とは何か」では、次のように説明している

・彼らが選んだ教育と人生のキャリアパスを信じる

・アカデミックな科目と個人的および専門的な興味やスキルを組み合わせる

・地域社会に前向きな変化をもたらす学習に従事する

・批判的かつ創造的に考える

・さまざまな状況で明確かつ効果的にコミュニケーションをとる

・独立して、他の人と共同で作業する

・新しい視点やその他の視点を検討する

・より大きな自信と自己認識を育む

・高いレベルの回復力と柔軟性を実証

・国際感覚とグローバル意識を持つ

・知識を実際のシナリオや状況に適用する

　このように、学生が人生に効果的に参加するための準備をし、生涯学習を理解し、前向きな変化をもたらす能力と意志を発達させる学習に参加できるようにする態度と心の習慣をサポートする教育プログラムなのである。CP の柔軟な教育フレームワークにより、学校は生徒のニーズ、背景、状況を満たすことが可能になる。よって、CP の学生は、純粋に興味のある厳格な学習プログラムに参加しながら、移転可能な生涯にわたるスキルの習得を目指す。

　最終的に、学校への学習者の定着を支援し、スキルの開発を促進し、学習者が自分の行動に責任を持つことを奨励し、有意義な成果を通じて高いレベ

ルの自尊心を持たせることを目的にしていた。このように、人間形成とキャリア形成は密接な関係にあるのだ。

＜世界を舞台に活躍できる人づくりのために＞

　国際バカロレアの日本における急速な関心の高まりの背景のひとつには、多くの日本企業及び日本の国力向上にとって、グローバル人材の育成が今まで以上に重要になり、その解決策の一つとして経済界が IB に着目したという経緯がある。経団連は 2013 年 6 月、「世界を舞台に活躍できる人づくりのために」（表13）の中で国際バカロレアのディプロマプログラム (DP) を、「グローバル人材を育成するうえで有効な手段の一つ」としてその普及を強く提言した（文部科学省 IB 教育推進コンソーシアム、2023）。

　成人学習、国際バカロレア研究者の第一人者である岩崎（2023）は、テクノロジーの進展によって、知識基盤社会は進み、女性、高齢者などの労働市場への参加はさらに容易になること、流動的で先の見えない時代を生き抜く企業・労働者にとって自己主導的な学習者として、自律的に学習を自分で選んで計画・実行・評価できる戦略的学習能力が求められること。問いを立てて探究学習を進める学びに対する意欲が醸成され、さらにそれが自分のアイデンティティ促進につながること。CAS やフィールドワークを通じた教室外での経験学習が資産として蓄積されることによる、IB の強みを強調した。よって、自己選択型カリキュラム編成、TOK（知の理論）・EE（課題論文）・CAS(creativity・activity・service) によって、生涯にわたって学習する意欲とスキルを身に着けている必要がある未来において、国際バカロレアで獲得された資質・能力が社会において非常に有益だということ、それ故に国際バカロレア教育が日本で必要だということ論じている。加速する技術革新とそれに対応して変わっていく価値観に適応するには、日ごろから自己啓発・自己研鑽が欠かせない社会になったのだ。つまり、国際バカロレアによって培われた未来を生き抜くために、戦略的学習能力を有する資質・能力を育む国際バカロレアの日本での普及を筆者は強く望む。

　経済界、産業界にとって、グローバル人材の枯渇は、今や危機的な状況で

ある。国内に国公私立の区別なく普及されることを願いたい。そして、国際バカロレア認定校と国際バカロレア卒業生が、国際バカロレアで身につけた力を生かしてどのように日本の企業に、国に、世界に、社会に貢献し活躍しているか、成果が更に増えることを期待している。

　グローバル化が進む現代社会において，国を超えて互いの文化を尊重し，共生社会を実現するために，グローバル人材の育成が必要不可欠である．多くの研究者および実務者が，国際バカロレアプログラムによりグローバル人材の育成を促進できることを主張しているが，具体的な事例研究はまだ乏しい。事例研究が蓄積され，国際バカロレアプログラムによるグローバル・コンピテンスの涵養の過程が理論的に明らかにされていくことが期待される（瀬下・日下、2023）。

表13 「世界を舞台に活躍できる人づくりのために」
−グローバル人材の育成に向けたフォローアップ提言−WEBページ目次

Policy(提言・報告書) CSR、消費者、防災、教育、DE&I
「世界を舞台に活躍できる人づくりのために」
−グローバル人材の育成に向けたフォローアップ提言−

2013年6月13日
一般社団法人 日本経済団体連合会

【概要】（PDF 形式）
【本文】（PDF 形式／本文の目次は以下のとおり）
I. はじめに
II. グローバル人材育成に向けて各教育段階で求められる取り組み
1．初等中等教育で求められる取り組み
（1）英語教育や国際理解教育の抜本的拡充
（2）高校段階での海外留学の奨励
（3）小中一貫校、中高一貫校の増大による多様な教育体系やカリキュラムの普及
（4）国際バカロレア（ＩＢ）課程の普及と日本国内におけるＩＢ認定校の増大
（5）海外帰国子女の経験の活用
2．高等教育で求められる取り組み
（1）高大接続の改善と入試改革の実現
（2）教養教育（リベラル・アーツ教育）の拡充
（3）産学協働による教育カリキュラムの開発
（4）大学の役割に基づく機能分化と重点的予算配分
（5）大学の国際化のさらなる加速
（6）秋入学、ギャップ・イヤー等、国際化に対応するための取り組みの評価
3．企業に求められる取り組み
（1）採用活動の多様化
（2）社員のグローバル化対応力の強化
（3）人事・評価制度のグローバル共通化
（4）大学院等における社員の学び直しの奨励
III. 経団連が大学等と連携して実施する取り組みの強化・拡充
1．「グローバル人材育成スカラーシップ事業」の拡充
2．「経団連グローバルキャリア・ミーティング」の開催
3．グローバル人材育成モデル・カリキュラムの充実
4．高校生の海外留学支援（ＵＷＣ日本協会の活動）の強化
5．初等中等教育への協力（経団連教育支援フォーラム、スポーツ推進部会の活動）
IV. 終わりに
「CSR、消費者、防災、教育、DE&I」はこちら

第 7 章

産学連携が果たす役割

AIで代替できない人間

　日本では、現在、先導的又は独創的な取組みであるオープンイノベーションをさらに普及させ、我が国のイノベーション創出を加速することを政策に挙げている。我が国のオープンイノベーションをさらに推進させ、ゼロから1を生み出す起業家マインドを持った人材が、社内外の関係者の巻き込みに奔走できるイノベーター人材の育成と創出が、国際的な経済発展を維持するためにも必要だからだ。また、そのようなエンパワーメントを持つ人々が増えるということは、個人と社会のウェルビーイングにも関連するだろう。

　産学連携を始めとするオープンイノベーションによって、新しい技術開発や世界に先駆けるシステムの実装パッケージングへの期待は、理工・生物系分野の人材育成を強化し、起業支援や新産業創出、そして教育・人材養成の強化につながる。国家レベルでのイノベーションシステムの構築が急がれる。

　それには、産業ロボットやAIで代替できない人間として育成するため、教育転換が必要であることは、どの業界の意見は一致していた。失敗を恐れない、むしろリスクを取りに行くような挑戦的で野心を持つ人材育成を兼ね備えた教育を、義務教育のうちからスタートさせる必要がある。大学入学試験のための知識詰め込み型教育に終始してはいけない。そして、学びのオーナーシップを自律的に駆動できるようになるためには、教育現場の転換が重要だ。学校で学んだ知識を、現在起こっているリアルな課題解決にどのように活用すればいいのか。

　本書の主たるテーマは、このようなVUCAの時代に、大学教育としてどのような人材の育成と輩出が求められるのか、どのように育成していくべきかの解明の糸口とすべく、産学連携を初年次教育に統合した低年次生対象キャリア教育プログラムの開発に挑戦した一年間の筆者の研究成果と、これからの研究の方向性を明らかにするものでもあった。結果は、有意差のある有効な因子が少なかったものの、本プログラムの受講生からは、内省による自己調整学習が促進され、次へとつながる意思表明が随所にみられたことは想像以上であった。1年次生ながら、集団での初めてのフィールドワークは、なんとか成功したといえるのではないだろうか。なによりも、連携先の企業

の社長や社員の方々には、その意図を組んでくださり、「産」からの知識を多分に享受できたことを学生は興味深く面白がっており、自尊感情を上げることにつながったことは、感謝の念しかない。訪問した時の弱々しく頼りのない交流から、自分たちの主張をとおした発表姿勢から学びの効果を実感したのは、全員が一致したことではなかろうか。

　世の中の社会経済活動では、どの組織においてもおそらく、情報収集→分析・検証→アイデア拡散→討論→集約・整理→完成・発表などのプロセスを経た協同作業により成果が生み出されることだろう。しかし、チームの目標が明確でなかったり、対人関係にひとたび亀裂が生じたりすると、チーム内に摩擦が生まれ、集団における生産性はとたんに低下する。また、個人では冷静なのに集団になったとたん周囲に同調し、突然、パニックや空中分解を引き起こすことがある。あるいは、チームの危機に直面しても、まだ大丈夫だろうという正常性バイアス[18]や、うまくやる他人に乗っかるだけのフリーライダー（タダ乗り）現象を生み出す（新居田、2020）。このように、AIと違って人は集団になるとさまざまなタイムロスを生んだりする。AIは、人が嫌がることでも、いったんプログラムされると、動力さえあれば24時間文句も言わずに働き続ける。心身ともに疲れ果て、気分転換や休暇を要求することもない。プログラミング技術の進化により、AIによる高度な頭脳労働とその表出は、高い人件費が必要な専門家よりもソフトを開発するほうが低コストで済むようになってきた現代において、平均的・一般的な能力、つまり日本人が好む「普通」の能力の維持だけでは、価値を失い、給料は下がっていくだろう。労働力の質的向上および技術水準の向上が、追いついていない。そこで、近年、再注目されているのがリカレント教育である。労働者の雇用・所得の増加、人的資本の蓄積・経済成長の促進をもたらすものとして期待されているが、それだけではない。個人と組織のウェルビーイングに影響をもたらすからだ。つまり、終身雇用制度とはかけ離れた職業間や会社間での労働移動や転職がスタンダードになる。しかし、日本ではいまだ転職について、配置転換でさえ前向きな印象を持っていない文化が根強くあり、政

18　正常性バイアス（normalcy bias）。認知バイアスの一種。予期せぬ事態に遭遇したときに自分にとって都合の悪い情報を無視したり、過小評価したりして心の安定を保とうとするメカニズムのこと。

府が掲げるほど環境整備は整っていない。AI時代に「なくならない仕事」は、生成AIで代替できない仕事、つまり事前に予測できないためプログラム化できない仕事、といえる。また、「なくなる仕事」というのは、業務内容をプログラム化できるもので、AIで完全に代替できるルーティン作業などの「企画書や報告書を書く」「パワーポイントでプレゼンの資料を作る」などがこれにあたる（岩本、2023）。岩本が調査した人間の仕事の領域と生成AIの関係性では、プログラム化できる業務はAIに代替可能だということを前提に、「生成AIが人間の仕事の一部を代替し、人間はさらに重要な仕事に手を付けられる」と予想している。

EdTechの発達により、生涯に亘って学ぶための多くの材料はインターネットによって供給されるようになる。必要に応じて自ら情報を探しに行き、それらの情報を組み合わせて自己調整しながら自分の学習に役立てることが必要となる（堀田、2019）。海外と比べて平均的な教育水準が高い日本では、高等教育を既に受けた労働者を対象としたリカレント教育を促進することが労働者の雇用・所得の増加、および人的資本の蓄積・経済成長の促進に繋がる（田中、2020）。

以上のことから、「何を知っているか」ではなく「知っていることと情報を組み合わせてどう生かすか、何が解決できるか」を考えられる人材が求められるのではないだろうか。AI技術開発分野の人材、DX人材、データサイエンスを扱える人だけが悠々自適なはずはない。そのはざまで、スキルと人材とAIに対するオペレーションができる人間が常に必要であるはずだ。

本プログラムは、机上の専門知識の蓄積もそこそこに、いきなり学外へ出て人と会い、交流し、ほぼ体当たりで取材をする。しかも、集団心理が渦巻く慣れないメンバー構成の中で葛藤を超えて共通の目標達成を目指すいわばTOK(知の理論)・EE(課題論文)・CAS(creativity・activity・service)を実践した国際バカロレア教育プログラムであったというのは言い過ぎかもしれないが、経験学習からえたことが社会関係資本として蓄積されたのではないかと多少なりとも自負している。この経験によるメタ認知から得られた学びの数々によって、本研究の成果を実証できたことは、一定の意義があったと考える。学生のキャリアデザインのスタートを切るにあたって、少なからず影

響を与えたといえるだろう。

本研究の課題と提言

　反省・改善すべきは、筆者の共同エージェンシーのかかわり方と、教員エージェンシーとしての実力不足であった。まずは、協働ではなく個性を尊重しすぎた結果、丸投げされたと感じた学生たちは、方向性のみならず目標設定が乏しくなった。さらに、チーム内の信頼形成が不十分なまま連携することは難しく、共同作業によるレポート作成が負担だったようだ。結果、20人中3名の離脱者を生んでしまった。1年次生（初年次生）であることは、想像以上にハードルが高い産学連携学習であることが理解できた。そのためには、準備段階の入念な心理的安全性の確保が重要であることを、そして、産業側との共通目標の設定が足りていなかったことを筆者自身が学ばせてもらった。

　2023年秋の現在は、2期目に突入中である。反省点を活かし、いまのところ、昨年よりも早いスピードで企業訪問が始まっており、各班におけるチームビルディングの深まりや衝突による葛藤もみえかくれしているものの、失敗から学んで成長してくれると彼らのポテンシャルに期待している最中である。教え過ぎない最小限の介入と、十分な配慮を表現しファシリテートしながら、学生主導で研究成果を発表してくれることを今期も楽しみにしている。学生にとっては、この先も計画通りにいかないこと、予期していたのに起こらなかったこと、想定外の喜びや危機に見舞われることだろう。そのときこそ、訪問先の企業家のみなさまから頂いた言葉が跳ね返って身に沁みることだろう。

　理系学部との共同開発やイノベーションの創出が、とかく中心となって推進されてきた産学連携だが、人間としてのプレゼンスを高めるソフト面での育成こそ、産学連携は最適ではないか。データから新しい戦略を創出することは、思考力と共創力の高い人間の強みなはずである。その逞しさと経験則は、イノベーション人材として通用するはずだと手ごたえを感じている。

　最後に社会から必要とされる人材を育成するために教育現場に必要なこと

を整理したい。

1. **多様な学びの現場を学生とともに創出する。**
   答えのない「本物」の社会課題に出会える場所を教室外でも提供する。そのためには、学生に湧きあがったシンプルな「問い」の存在があってこそ効果は高い。答えのない、あるいは一つではない「本物」の社会問題や人間関係、単純な不便さからくる問題発見は、貴重な学びの種となる。その「問い」と、教科書レベルの知識を往来しながら、教員や研究者の伴走によって、学生自らが解決に挑む。

2. **学生がプロジェクトを主導し、大人との対等な立場で共有する。**
   ことなかれ主義によって、危険を事前に排除する大人の徹底した"導き"から手を引き、失敗を覚悟で、学生自らが主導する過程を経験させる。意思決定はあくまでも教員や大人と対等な立場で共有されることが望ましい。

3. **リアルとバーチャルの使い分けに対応できる教育現場に。**
   ICT環境、STEM教育の提供はもちろんだが、今後は、バーチャル空間と現実の境目はあいまいになっていくだろう。インターネット社会とAI/ロボットの介入によって、さらにボーダーレス化は進み、α世代は、インクルーシブ（いつでも、誰とでも、多様な価値を認め合う）な世界と簡単につながり、活用することに抵抗を感じないだろう。

4. **個性的で興味深い、変わったアイデアを歓迎する学びの場をデフォルトに。**
   世の中の成功事例のほとんどが最初は見向きもされなかった提案だった。だからこそ、多様な視点からアイデアを集めることこそが、イノベーションに直結しやすいことを理解させる。無難な前例踏襲は、衰退を意味する。アイデアを無駄にせず、期待値を限りなく成功に近づけるためのプロセスの再構築を楽しませることが重要だ。

5. **集団心理、空気を読むことのメリット・デメリットを学ぶ。**
   秩序や高い倫理観を生む、一体感でまとまりやすい等のメリットはある。しかし、国籍・性差・障害の有無・宗教・年齢・成績・趣

味・思想・信条などによる区別や分断と、分断されたグループ内の同質化を続けていては、イノベーティブな行動は起こりにくいことを学ぶ機会を与えなければならない。

6. 多様な学びの機会と場所、権利を保障する。

2016年、「義務教育の段階における普通教育に相当する教育の機会の確保等に関する法」の公布以降、多様な特徴を持つ子どもにとって、個性に合わせた学び方や環境を選ぶことができる社会になってきている。不登校対策ではなく、学びの継続のための機会と居場所の確保は、自己肯定感を維持することを助ける。IEP（個別教育計画）[19]を活用した個のニーズや個の違いへの対応も早める。同じく、大学でもこのような機会は認められるべきであり、双方で最適解を探る機会は一律に誰にでも保障できる場でありたい。

7. シチズンシップ、アントレプレナーシップの醸成

政治、経済、社会に批判的で不寛容な姿勢ばかりを大人がみせていては、子どもは未来に夢を持ち難い。成功に失敗はつきもので、自らリスクを取りに行き、高いリターンを引き寄せることに挑戦していく素地を作る。そのためにも、企業家・経営者だけでなく、従業員のやりがいや、さまざまなビジネスモデルや触れる産学連携教育が適切であり、ソフト面での人間的強みを生かした人材育成、成功を望み社会に貢献する人材を育てる。

世界共通に、いくら国家が政策や方向性を明文化したとしても、現場が変わらなければ、教育は時代のニーズに適応できない。今の若者は、教員世代と異なる生育環境や生い立ちなのだ。人間の発達や個人差の説明において「遺伝か環境か」を巡る議論がされてきたが、遺伝要因と環境要因が互いに作用しあうという点を強調する「相互作用説」が今では主流とされる。つまり、学びの環境は子どもの発達に大きな影響を与える。これら7つの根拠は、実践教育の結果から定量的に示していく必要があるだろう。

19　「障害児の保護者と教育当局が、障害児教育の提供について取り交わす契約のようなもので（中略）、年間（短期を含む）の教育目標、提供される『関連サービス』（清水、1997）

おわりに

　理工系大学で蓄積した専門性を活かし、産学連携の共同研究においてオープンイノベーションを創出していくことは、我が国において重要スキームであろう。しかし、学生一人一人の発達途上のパーソナリティやポテンシャルを、大学教育としてどのように育成していくべきか。それは、文系不要論と同じく、人文・社会学系大学では不可能であり、無意味なことなのか。そこに挑んだことが、本研究の発端であった。産学連携を通して、学生自らの可能性を初年次から意識させることは、個人のキャリア形成の礎になる。企業・団体の業務内容や職業理解、交流などの学外体験学習を行い、社会人と会話を紡ぐ。集団の中での自分の立ちまわり方などについて、失敗を繰り返しながら俯瞰する機会を提供し、自分なりの成功法を導き出すサポートを行う。自己の生き方や方向性の探求によって、自己肯定感の向上と進路に関する自己実現を主体的に求めるようになる。これこそが本来の就職準備段階なのではないか。学生生活で得た知見や学習意欲を、将来の職業生活と実現のための進路設計のアウトプットに結びつけることがキャリア教育でもある。つまり、人間としてのプレゼンスを高めるソフト面での育成こそ、産学連携は最適ではないか。この混沌とした時代を生き抜くための力の涵養に、不可欠な教育分野であると言えるのではないか。そこには、知識の獲得のみならず、自尊感情や自己肯定感といった「自己信頼」が、生きる力の根底を支えることになんらかの関連があることを証明したかった。

　だからこそ、初年次の1年次生後期から産学連携教育プログラムを始めることにした。結果、この短期のプログラムを受講した1年次生とそうでない1年次生との有意な差は認められなかった。しかし、質的研究からはメタ学習の成果がみられた（詳しくは第3、4章に記載）。また、1年次生全員を対象にした量的研究からは、「自己信頼」が学生の「自由闊達」さや「外向的社交性」に有意に影響していることがわかった。つまり、いくら失敗をしようとも、成長を実感でき、成長した自分を肯定でき信頼につながっていれば、「自己信頼」感は高まり、コミュニケーションなどに波及する可能性が確認できた。また、相関係数から、性差があることが認められた。女子にお

いて、「自己信頼」と「外向的社交性」との間に有意な相関があるが、男子は「自己信頼」には「自由闊達」との間に有意な相関があった。すなわち、女子のほうが、「自己信頼」を大人へのかかわりに向かう傾向があることを示唆していた。性差がなくなってきた時代ともいわれるが、女子が早熟なだけという可能性も潜む。学生生活内で、活動に影響を与える因子を今後も探究していきたい。

　今後の課題は、対象者数が少なかったこと、プログラムが半期という短い期間であったことによる結果の信頼性・妥当性の不十分さにある。今後は、対象者を更に増やしたい。また、本プログラムを受講した学生の成長のプロセスを追うことで、学生の自尊感情の醸成やキャリア開発の意欲などに影響する因子、さらには阻害する因子を探究していくことである。

　さらに、これからは理系・文系などによる分断ではなく、双方の知識、資質、態度やスキルを社会の問題解決に活かすことが重要なスキームだ。それには、データを活用して様々な課題を解決し、経済再生に貢献していける「文理融合型人材の育成」が必要だ。よって、われわれ教員は、各方面の専門分野の掛け合わせによる成果のダイナミクスを、時代の要請に合わせて生み出していくために、教員も学生と同じく情報やスキルをアップデートさせ、その都度順応していくことが求められるだろう。人間的な総合知なるものによって結論を統合できる能力が、ロボットに対する優位性だとAIの門外漢ながら筆者は考える。

　全入時代の大学教育だからこそ、初年次生には、人生100年時代をどう生きるか、中長期的に見据える機会を与えたい。そのために、「学びのオーナーシップ」による主体的・協働的な学びを通して、自尊感情を高め、「生きる力」の涵養につながることを願う。本書の「産学連携を初年次教育に統合した低年次生対象キャリア教育プログラム」が一つのきっかけとなれば幸いである。

あとがき

　日本の人口が1億人を割る2050年は、どのような世界になっているのか。2020年10月、日本が掲げたグリーン成長戦略（経済と環境の好循環・経済産業省）[20]による産業政策は、成功しているのだろうか。地球温暖化による気候変動を背景に自然災害の頻度は増えているのか、横ばいを維持しているのか。エネルギー自給ができない日本は、電源をどのように確保しているのだろうか。老朽化したインフラは、消滅していく地方には対応できず、生活圏は一カ所に集約されたコンパクトシティが一般的になっているのだろうか。何よりも、他国に侵略されていないことを強く望まずにはいられない。まだ存命なのかどうか微妙な年齢の私だが、子孫や後継の方々にとって、持続可能な社会は実現できていてほしい。その鍵を握るのは、我々であることには違いない。

　日本の18歳には、政治経済、そして自分がどう生きていくのかについて、誰かに招いてもらうのではなく、リスク・リターンも含めて主体的に舵取りをして生きていってほしい。その資格、能力、権利、そして労働の義務があることをどう伝え、目標設定のサポートをすればよいのか、人材育成・キャリア教育に携わり始めた2000年代初頭から私は模索してきた。リーマンショックという金融危機あたりから移ろいゆく世相を感じ、会社の存続が未来永劫でないことを身をもって知る。さらに、2019年の新型コロナウイルスによるパンデミックは、世界の価値観を一掃してしまった。世界でお亡くなりになった方は697万人（WHO:2023年10月26日時点）にものぼる。コロナの恐怖は、人間同士の温もりを感じる接触、会話、食事・集合の機会など対面での交流が、すべて悪となった。しかし、このおかげで、DX化に世界から遅れを取っていた日本は早急に舵を切ることができた。結果的にコロナ禍は、私たちにデジタルによる省力化、出社に拘らない柔軟な働き方、自動化による省人化、情報量増大による情報セキュリティ強化、高齢者から小

20　正式名称は、2050年カーボンニュートラルに伴うグリーン成長戦略。カーボンニュートラルとは、温室効果ガスを排出した量から、吸収・除去した量を引いて、合計をゼロにするという意味をあらわす。

学生にまで広く普及したデジタルデバイス、そして真の自由の意味など価値
観を再考させられたともいえる。

　混沌とした現代を悲観する人がいるが、私はワクワクしている。バーチャ
ルと現実を共存させ便利にお得に効率的に生き永らえたいと考えるタイプの
ようだ。自分の若いころとは、まったくちがう世界を生きられるなんて、な
んてラッキーだろう。時代の要請に適応しなきゃ、むしろおもしろくない。
だから、できるだけ長生きをして、この先の世界を見ていたいから、まだま
だ勉強するし、やってみたいことも山積なのだ。

　かつて、女性の私が10代の頃は想像がつくほど、ほぼ共通の決まったよ
うな未来しかなかった。これからは、自分が頑張りさえすれば、主導権を取
れる時代を生きられる若者が羨ましい。オックスフォード大学のマイケル・
オズボーン教授が最近雑誌でこう言っていた。「人の暗黙知に、AIはかなわ
ない」。

　VUCA時代を恐れず、マイペースで生きることを大切にしたいと、書き
終えて思う私である。

引用文献・参考資料

第 1 章

Brewer, J. M. (1942). History of vocational guidance: Origins and early development. *New York: Harper & Brothers.*

畑村洋太郎. (2022). 新失敗学 正解をつくる技術. 講談社.

飯塚重善. (2018). 大学教育における地域連携活動のあり方に関する一考察. 国際経営論集, 55, 97-111.

入澤宗壽. (1915). 現今の教育. 弘道館.

伊藤秀樹. (2023).高等専修学校における進路形成と新型コロナウイルス ：就職・一般就労希望者への局所的な影響と卒業後のリスク 出版者：東京学芸大学教育実践研究推進本部.

木村周. (2012). 職業指導論. 特集：この学問の生成と発展 教育・心理 職業指導論 労働政策研究・研修機構（JILPT） 木村周 日本労働研究雑誌 2012 年 4 月号 （No.621） 42-45.

木村周. (2017). わが国職業紹介・職業指導の系譜：その過去、現在、未来(第 1 回 職業紹介・職業指導の源流と発展 http://www.shokugyo- kyokai. or. jp/shiryou/ shokugyo/03-1.html（2023 年 9 月 26 日閲覧)

国立教育政策研究所生徒指導研究センター. (2002). 児童生徒の職業観・勤労観を育む教育の推進について（調査研究報告書）.

McCrindle, M. (2021). Generation alpha. *Hachette Uk.*

M. Lee Upcraft, John N. Gardner, Betsy O. Barefoot［著］ 山田礼子監訳. (2007). 初年次教育ハンドブック ： 学生を「成功」に導くために. 丸善.

文部科学省. (1999). 初等中等教育と高等教育との接続の改善について. 中央教育審議会 答申.

文部科学省. (2004). キャリア教育の推進に関する総合的調査研究協力者会議報告書〜児童生徒一人一人の勤労観，職業観を育てるために〜の骨子. キャリア教育の推進に関する総合的調査研究協力者会議.

文部科学省. (2008). 学士課程教育の構築に向けて. 中央教育審議会 答申.

文部科学省. (2011). 第 1 章キャリア教育とは何か 第 3 節 キャリア教育と進路指導

文部科学省. (2021). 1. 産学官連携の意義〜「知」の時代における大学等と社会の発展のための産学官連携 文部科学省これからの時代の地域における大学の在り方について ─地域の中核となる大学であるために─（令和 3 年 12 月 15 日 中央教育審議会大学分科会審議まとめ）（案）.

文部科学省. (2022). 小学校キャリア教育の手引き第1章キャリア教育とは何か.

文部科学省令 第23号（昭和三十一年十月二十二日文部省令第二十八号） 最終改正：平成24年5月10日 https://www.mext.go.jp/b_menu/shingi/chousa/koutou/053/gijiroku/__icsFiles/afieldfile/2012/10/30/1325943_02_3_1.pdf （2023年12月17日閲覧）

文部科学省令 第34号 令和4年9月30日 大学設置基準等の一部を改正する省令

三村隆男. (2008). 第3章キャリア教育の基礎理論. 仙﨑武・藤田晃之・三村隆男・鹿嶋研之助・池場望・下村英雄編著, キャリア教育の系譜と展開. 社団法人雇用問題研究会, 86-95.

三村隆男. (2020). 平成期と進路指導・キャリア教育. 早稲田大学教職大学院紀要＝ *Bulletin of Graduate School of Education*, (12), 35-50. Vocational Guidance, Career Guidance, and Career Education phases in Japan.

南了太. (2021). 人社主導の学際研究プロジェクト創出を目指して 〜未来社会を拓らく人文学・社会科学研究の現在と展望. 第6回人文・社会科学系研究推進フォーラム報告書, 55-64.

南了太. (2023). 人文社会系産官学連携：社会に価値をもたらす知. 明石書店.

Newswitch. (2018). 文系学生は地元製造業に就職するか？常陽銀が常磐大と連携、見学ツアーで成果 https://newswitch.jp/p/11817 （2023年11月26日閲覧）

荻野亮吾, & 丹間康仁. (2022). 地域教育経営論 学び続けられる地域社会のデザイン. 大学教育出版.

小沢一仁, 重光由加, & 齋藤保男. (2021). 今大学に求められていること― 青年期からみた大学教育・副専攻・入学者選抜の観点から―. 東京工芸大学工学部紀要. 人文・社会 編, 44(2), 20-30.

Parsons, F. (1909). Choosing a vacation. Boston: *Houghton Mifflin.*

採用と大学教育の未来に関する産学協議会 2021年度報告書「産学協働による自律的なキャリア形成の推進」2022年4月18日

下村英雄, 白井利明, 川崎友嗣, 若松養亮, & 安達智子. (2008). フリーターのキャリア自立：時間的展望の視点によるキャリア発達理論の再構築に向けて. 青年心理学研究, 19, 1-19.

杉山直. (2023). 突破口を開く―大学、革新へ文化変えよ―、教育岩盤 日本経済新聞社 2023年8月17日朝刊.

田口智子. (2023) 職業教育の原点再考―入澤宗壽「現今の教育」を中心として. MunetoshiIrisawa's Education Philosophy Revisited 北翔大学教育文化学部研究紀要第8号. 277-283.

山田礼子. (2012). 大学の機能分化と初年次教育—新入生像をてがかりに—. 日本労働研究雑誌, 54(12), 31-43.

山﨑保寿. (2020). キャリア教育が創出する新たな教育環境—地域連携で生み出す主体性と価値—. 松本大学出版会.

第2章

安達智子. (2006). 大学生の仕事活動に対する自己効力の規定要因. キャリア教育研究, 24(2), 1-10.

Hanifan, L. J. (1916) 'The Rural School Community Center', *The Annals of the American Academy of Political and Social Science,* vol.67.

平尾元彦, & 田中久美子. (2017). 大学生の就職活動とインターンシップ—多様化の時代の計測課題を追って—. 大学教育（山口大学教育機構）』14, 24-36.

伊藤崇達, & 神藤貴昭. (2004). 自己効力感, 不安, 自己調整学習方略, 学習の持続性に関する因果モデルの検証: 認知的側面と動機づけ的側面の自己調整学習方略に着目して. 日本教育工学雑誌, 27(4), 377-385.

ジョン・フィールド著, 佐藤智子, 西塚孝平, 松本奈々子訳. (2022). 社会関係資本 : 現代社会の人脈・信頼・コミュニティ. 明石書店.

川上昭吾, & 渡邉康一郎(2010) 日本における有意味受容学習の展開. 理科教育学研究, 50(3), 1-14.

児美川孝一郎. (2011). 若者はなぜ「就職」できなくなったのか？ –生き抜くために知っておくべきこと-』日本図書センター.

L・Bニルソン著、美馬のゆり・伊藤崇達監訳(2017)『学生を自己調整学習者に育てる』北大路書房.

南了太. (2021). 人文・社会系産官学連携の一考察. 産学連携学, 17(1), 1_85-1_92.

永作稔. (2012). 支援はどう進めるべきか. 若松養亮・下村英雄（編）. 詳解 大学生のキャリアガイダンス論: キャリア心理学に基づく理論と実践.(pp. 122-136). 金子書房.

永作稔, & 三保紀裕（編）田澤実, 本田周二, 杉本英晴, 家島明彦, 佐藤友美(著). (2019).『大学におけるキャリア教育とは何か　7人の若手教員たちの挑戦』ナカニシヤ出版.

新居田久美子. (2019). e ポートフォリオを活用した大学生のキャリア形成学習プログラムの開発研究. 人間文化= *Humanities and sciences: H&S*/神戸学院大学人文学会編, (45), 17-35.

新居田久美子. (2022). わたしを育てるキャリアデザイン: ライフ・ソリューションを
　　はじめよう. 編集館.

楠奥繁則. (2006). 自己効力論からみた大学生のインターンシップの効果に関する実証
　　研究. 立命館経営学, 44(5), 169-185.

立田慶裕. (2018). 生涯学習の新たな動向と課題. 一般財団法人放送大学教育振興会

立田慶裕, & 岩槻知也. (2007). 家庭・学校・社会で育む発達資産: 新しい視点の生涯
　　学習. 北大路書房.

浦上昌則. (1995). 学生の進路選択に対する自己効力に関する研究. 名古屋大學教育學
　　部紀要. 教育心理学科 42 115-126, 1995-12.

Watson, D., & Friend, R. (1969). Measurement of social-evaluative anxiety. *Journal of
　　Consulting and Clinical Psychology 33,* 448-457.

Whitehead, M., & Diderichsen, F. (2001). Social capital and health: tip-toeing through
　　the minefield of evidence. *The Lancet, 358*(9277), 165-166.

Zimmerman, B. J. (2002). Becoming a self-regulated learner: An overview. *Theory
　　into practice, 41*(2), 64-70.

第 3 章

Brown, A., (1978). Knowing when, where, and how to remember: A problem of
　　metacognition. In R. Glaser(Ed.) *Advances in Instructional Psychology Vol.
　　1, Lawrence Erlbaum Associates.*

Flavell, J. H. & Wellman, H. M. (1975). Metamemory, ERIC
　　https://eric.ed.gov/?id=ED115405 (2023 年 11 月 30 日閲覧)

Flavell, J. H. (1979). Metacognition and cognitive monitoring: a new area of
　　cognitive–developmental inquiry. *Am. Psychol. 34, 906.*

Fleur, D. S., Bredeweg, B., & van den Bos, W. (2021). Metacognition: ideas and
　　insights from neuro-and educational sciences. *npj Science of Learning, 6*(1),
　　13.

五十嵐敦. (2018). 大学生のキャリア発達と進路不安についての研究. ～大学 3 年生の
　　進路意識と学生生活の観点からの検討～福島大学総合教育研究センター紀要,
　　(24), 39-46.

Lent, R. W., Brown, S. D., & Hackett, G. (1994). Toward a unifying social cognitive
　　theory of career and academic interest, choice, and performance. *Journal of
　　vocational behavior, 45*(1), 79-122.

溝上慎一. (2009). 「大学生活の過ごし方」 から見た学生の学びと成長の検討-正課・正課外のバランスのとれた活動が高い成長を示す. 京都大学高等教育研究, 15, 107-118.

Ringelmann, M. (1913). Recherches sur les moteurs animes: Travail de rhomme [Research on animate sources of power: The work of man]. *Annales de I'lnstitut National Agronomique, 2eserietome XII*, 1-40.

三宮真知子. (1998). メタ認知能力を伸ばす. 日本科学教育学会研究会研究報告, 13(2), 45-48.

三宮真智子. (2018). メタ認知で＜学ぶ力＞を高める: 認知心理学が解き明かす効果的学習法. 北大路書房.

Schraw, G., & Moshman, D. (1995). Metacognitive theories. *Educational psychology review, 7*, 351-371.

田澤実, & 梅崎修. (2017). キャリア意識と時間的展望—全国の就職活動生を対象にした自由記述分析—. キャリア教育研究, 35(2), 47-52.

山本崇雄. (2019). 「教えない授業」の始め方. アルク.

第4章

Bakhshi, H., Downing, J., Osborne, M., & Schneider, P. (2017). The future of skills: Employment in 2030. *Pearson*.

堀洋元. (2015). 大学生活満足感尺度の作成. 人間関係学研究: 社会学社会心理学人間福祉学: 大妻女子大学人間関係学部紀要, 17, 15-22.

岩永定, 柏木智子, 藤岡恭子, 芝山明義, & 橋本洋治. (2007). 宮城県におけるプロジェクト・アドベンチャーの取り組みと課題: 子どもの自己肯定意識の向上に着目して. 鳴門教育大学研究紀要, 22, 37-50.

厚生労働省　令和5年3月大学等卒業予定者の就職内定状況（10月1日現在）を公表します. https://www.mhlw.go.jp/stf/0000184815_00036.html（2023年9月28日閲覧）

文部科学省, 厚生労働省, 経済産業省. (2022). インターンシップを始めとする学生のキャリア形成支援に係る取組の推進に当たっての基本的考え方.

小塩真司, & 阿部晋吾. (2012). 日本語版 Ten Item Personality Inventory (TIPI-J) 作成の試み. パーソナリティ研究, 21(1), 40-52.

大久保智生, & 加藤弘通. (2005). 青年期における個人—環境の適合の良さ仮説の検証学校環境における心理的欲求と適応感との関連—. 教育心理学研究, 53(3), 368-

380.

リクルートワークス研究所. ワークス採用見通し調査（新卒：2024 年卒）
　　https://www.recruit.co.jp/newsroom/pressrelease/2022/1221_11921.html
　　（2023 年 9 月 28 日閲覧）

吉澤秀二, & 橋田祥子. (2012). 環境・生態学系における初年時教育としての緑地保全
　　活動：東京グリーン・キャンパス・プログラムにおける地域連携. 明星大学明星
　　教育センター研究紀要, (2), 29-37.

第 5 章

相原次男, ウィルソン・エイミー, & 岩野雅子. (2010). 日本の子どもの発達資産に関す
　　る研究：「発達資産プロフィール」 調査の分析を中心に. 山口県立大学学術情報,
　　3, 1-16.

安宅和人. (2023). INTERVIEW 超一流テクノロジー論客が語る生成 AI, 教育, 日本の未
　　来 AI 時代こそリアルで深い「生体験」が必要だ. 週刊東洋経済, (7127), 70-71.

中央教育審議会教育課程企画特別部会. (2015). 論点整理（案）平成 27 年 8 月 20 日

Developmental Assets Japan. (2012).
　　http://40assets.ypu-kokusai.jp/pages/kodomo_2.html （2023 年 10 月 11 日閲覧）

Edmondson, A. (1999). Psychological safety and learning behavior in work
　　teams. *Administrative science quarterly*, *44*(2), 350-383.

Edmondson, A. (2012). Teamwork on the fly. Brighton: *Harvard Business Review.*

Edmondson, A. C. (2018). The fearless organization: Creating psychological safety in
　　the workplace for learning, innovation, and growth. *John Wiley & Sons.*

エイミー C. エドモンドソン, ジーン・デイリー. (2020). バーチャル会議で心理的安
　　全性を高めるツール活用法　目的に応じてテクノロジーを使いこなす.
　　https://dhbr.diamond.jp/articles/-/7154?page=4 （2023 年 9 月 28 日閲覧）

James, E. H. (2000). Race-related differences in promotions and support: Underlying
　　effects of human and social capital. *Organization Science, 11*(5), 493-508.

国立教育政策研究所社会教育実践研究センター. (2005). 平成 17 年度社会教育事業の開
　　発・展開に関する調査研究事業 子どもの成長過程における資産についての調査研
　　究報告書. 第 2 章発達資産とは.

Lorenzo, R., Voigt, N., Tsusaka, M., Krentz, M., & Abouzahr, K. (2018). How diverse
　　leadership teams boost innovation. *Boston Consulting Group, 23*, 112-134.

溝上慎一. (2014). アクティブラーニングと教授学習パラダイムの転換. 東信堂.

溝上慎一，森朋子，紺田広明，河井亨，三保紀裕，本田周二，& 山田嘉徳．(2016)．ンター教員・共同研究論考 Bifactor モデルによるアクティブラーニング（外尺度の開発．京都大学高等教育研究，22，151-162．

文部科学省．(2020)．2040 年に向けた高等教育のグランドデザイン（答申）．

森栗茂一．(2023)．探究演習教授法：読み書き・対話・物語．神戸学院大学出版会．

新居田久美子．(2023)．第三部対話　コラム「問いと対話」　森栗茂一著．探究演習授法：読み書き・対話・物語．神戸学院大学出版会．

新居田久美子．(2020)．大学図書館のイノベーション「関西大学ラーニング・コモンズ」—考動力を育む学習空間と集団活動の意義—　日本私立大学協会　教育学聞　第 2808 号．

Putnam, R. D. (2000). Bowling alone: The collapse and revival of American community. *Simon and schuster*. 柴内康文 訳(2006)．孤独なボウリング―米国コミュニティの崩壊と再生．柏書房．

Putnam, R. D., Leonardi, R., & Nanetti, R. Y. (1993). Making democracy work: Civ traditions in modern Italy. *Princeton university press*.

Scales, P. C., & Leffert, N. (1999). Developmental assets. Minneapolis, *MN: Searc Institute*.

Schein, E. H., & Bennis, W. G. (1965). Personal and organizational change throug group methods: The laboratory approach. *New York: Wiley.*

関田一彦．(2017)．アクティブラーニングとしての協同学習の研究．教育心理学年報，56，158-164．

Smiley プロンプトエンジニアリングとは？ ChatGPT で代表的な 12 個のプロンプトを演！ https://aismiley.co.jp/ai_news/what-is-prompt-engineering/ （202 9 月 28 日閲覧）

辻義人，& 杉山成．(2017)．同一科目を対象としたアクティブラーニング授業の効果証．日本教育工学会論文誌，40，45-48．

上野山勝也．(2023)．INTERVIEW 気鋭の AI 企業トップが語る 2,3 年のうちにさま な業種でビジネスモデルが一変する．週刊東洋経済，(7127)，39．

saishu_print.pdf（2023 年 10 月 26 日閲覧）

日本財団．(2022)．18 歳意識調査「第 46 回―国や社会に対する意識（6 カ国調査）―」報告書 2022 年 3 月 24 日．

OECD. (2016). Society at a Glance 2016 © OECD 2016 https://www.oecd-ilibrary.org/social-issues-migration-health/society-at-a-glance-2016_9789264261488-en（2023 年 11 月 30 日閲覧）

Prince, M. (2004). Does active learning work? A review of the research. *Journal of engineering education, 93*(3)：223-231.

林雅之．「未来人材ビジョン」とは何か、要約すると？ 経産省「人材戦略」の中身．https://www.sbbit.jp/article/cont1/90412（2023 年 10 月 26 日閲覧）

The International Baccalaureate. What is the CP？ https://ibo.org/programmes/career-related-programme/what-is-the-cp/2023 年 11 月 26 日閲覧）

ドミニク・S・ライチェン，ローラ・H・サルガニク著，立田慶裕監訳．(2006)．「キー・コンピテンシー 国際標準の学力を目指して」明石書店．

DR HIROSHI. OECD の「エージェンシー」は日本の教育にどのような示唆を与えるのか？ https://note.com/professor_sato/n/n8ca1a9fa0796（2023 年 10 月 26 日閲覧）

OECD. (2018). The future of education and skills Education 2030.

文部科学省初等中等教育局教育課程課教育課程企画室 OECD Education 2030 プロジェクトについて「教育とスキルの未来：Education 2030【仮訳（案）】」

OECD「OECD Future of Education and Skills 2030 Conceptual learning framework Concept note: Student Agency for 2030」 邦訳：「2030 年に向けた生徒エージェンシー」（仮訳）秋田喜代美他 https://www.oecd.org/education/2030-project/teaching-and-learning/learning/student agency/OECD_STUDENT_AGENCY_FOR_2030_Concept_note_Japanese.pdf（2023 年 10 月 28 日閲覧）

OECD. (2019). OECD Future of Education and Skills 2030

内閣府．科学技術基本計画 閣議決定 平成 28 年 1 月 22 日

内閣府．『我が国と諸外国の若者の意識に関する調査 （平成 30 年度）』，第 2 章 国家・社会関係ｂ）自国のために役立つと思うようなことをしたい グラフ 内閣府 我が国と諸外国の若者の意識に関する調査令和元年 6 月 （平成 30 年度）

経済産業省．人材未来ビジョン令和 4 年 5 月．https://www.meti.go.jp/press/2022/05/20220531001/20220531001-1.pdf（2023 年 11 月 24 日閲覧）

白井俊, 諏訪哲郎, & 森朋子. (2021). OECD ラーニング・コンパス 2030 について—文部科学省 白井教育制度改革室長に聞く—. 環境教育, 31(3), 3-9.

三浦浩喜. 学び！と PBL ＞ Education 2030 と新しいコンピテンシーの定義②. 日本文教出版 https://www.nichibun-g.co.jp/data/web-magazine/manabito/pbl/pbl023/ (2023 年 10 月 28 日閲覧)

赤塚祐哉, 木村光宏, & 菰田真由美. (2022). 国際バカロレアプログラムにおける批判的思考指導モデルの検討 -教育学諸理論の関係性と教師の語りに着目して. 早稲田教育評論 36 (1), 1-19.

文部科学省 IB 教育推進コンソーシアム. (2023). 1 次案内 企業の方へ. https://ibconsortium.mext.go.jp/company/ (2023 年 11 月 20 日閲覧)

文部科学省 IB 教育推進コンソーシアム事務局. (国際バカロレア IB 教育推進動画 文部科学省 IB 教育推進コンソーシアム制作 https://youtu.be/dpgqLyQAJVw (2023 年 11 月 26 日閲覧)

日本経済団体連合会. 「世界を舞台に活躍できる人づくりのために」. http://www.keidanren.or.jp/policy/2013/059.html (2023 年 11 月 24 日閲覧)

相良憲昭, & 岩崎久美子(編), 石村清則, 橋本八重子, 吉田孝. (2007). 国際バカロレア: 世界が認める卓越した教育プログラム. 明石書店.

瀬下岳, & 日下智志. (2023). 公立小学校での国際バカロレアプログラムの実践におけるグローバル・コンピテンスの涵養に関する研究: 教科横断型授業 「私たちはどのような場所と時代にいるのか」を事例として. 鳴門教育大学国際教育協力研究, 16, 39-46.

清水直治. (1997). 特別な教育的ニーズに応じた個別教育計画の作成のためのアセスメントの実際: アメリカ合衆国インディアナ州の場合を例に. 特殊教育研究施設研究年報, 1997, 49-58.

第 7 章

広野彩子. (2023). 日経 BOOKPLUS オズボーン氏「人の暗黙知に、AI はかなわない」. https://bookplus.nikkei.com/atcl/column/101300308/101300001/(2023 年 11 月 26 日閲覧)

堀田龍也. (2019). AI 時代の学校教育の在るべき姿とは. 学術の動向, 24(2), 2_56-2_65.

岩本晃一. (2023). AI 時代に「なくなる仕事」「なくならない仕事」独立行政法人経済産業研究所 (RIETI) https://rc.persol-group.co.jp/thinktank/interview/i-

202310260003.html(2023 年 11 月 26 日閲覧)

岩崎久美子.(2023). 国際バカロレア IB 教育推進動画　文部科学省 IB 教育推進コンソー
シアム制作　第 8 回国際バカロレア推進シンポジウム基調講演　「なぜ日本
において国際バカロレア教育が必要なのか？」https://youtu.be/dpgqLyQAJVw
(2023 年 11 月 26 日閲覧)

＜付録＞　大学生活用語集

ア行

アクティブラーニング
能動的学習のこと。「教員による一方的な講義形式の教育とは異なり、学修者の能動的な学修への参加を取り入れた教授・学習法の総称」（中央教育審議会答申、2012年8月）。具体的な方法には、探究学習、グループワーク、ディベート、グループディスカッションなどがある。

アンケート調査
特定のテーマやトピックに関する情報を大規模な人数から意見やデータを収集するための研究手法の一つ。事前に準備された質問や設問が含まれたアンケートフォームを対象者に配布し（紙媒体、郵送、WEBなど有）、対象者はその質問に回答することで調査データが収集される。意見や態度、行動パターン、好み、ニーズ、満足度などの定性的調査と、成績や金額、サイズなど定量的調査に関する情報を収集するなどの目的で使用されることが一般的。

インターンシップ
学生が在学中に，企業等において自らの専攻や将来のキャリアに関連した就業体験を行う制度のことを指す。2025年卒対象学生の就職活動からルールが変わり、タイプによって、一定の条件を満たせばインターンシップで得た情報を、採用に活用しても良い。

SDGs（エスディージーズ）
2015年、国連総会で採択された「持続可能な開発のための2030アジェンダ」として17のゴール・169のターゲットを示した持続可能な開発目標(Sustainable Development Goals)のこと。

SPI（エスピーアイ）
受検者の認知能力や論理的思考能力、数学的能力、文章理解能力、空間認識能力など、仕事に必要な基本的な能力を測定することを目的とした適性試験や能力試験の一つ。SPI試験の結果は、企業が応募者の適性や能力を客観的に評価することに役立つ。

演習（ゼミ）
「ゼミナール」が語源の授業の形態の一つ。　教員の指導のもと、少人数の学生が特定のテーマについて主体的に調査し、討論や発表が行われる参加型授業。

EdTec（エドテック）

科学技術（Technology）と教育（Education）教育の2つの単語を組み合わせた造語。教育現場にテクノロジーを取り入れ、さまざまなイノベーションを起こす仕組みやサービスのことを指す。

ESD

Education for Sustainable Developmentの略で「持続可能な開発のための教育」「持続可能な開発のための教育」と訳される。ユネスコ（国連教育科学文化機関：UNESCO）は、「あらゆる年齢層の人びとが生涯を通じて、社会を変革しこの地球を守っていくために、ひとりの個として、そして他者と協働して行動する力を身につけていくこと」を目標として説明している。

LMS

Learning Management Systemの略。eラーニングの学習管理システム。学習者の登録，学習履歴の管理、学習の進捗、授業資料の保存・管理、レポート提出、履修・成績管理などの基本機能の他、掲示板等のコミュニケーションツールなどを有する。

エントリーシート（entry sheet：ES）

学生が就職活動において、最初にアピールするための応募書類の一つ。企業・団体が用意する専用のフォームとなっていることが多く、独自の質問項目が設けられている。

OPAC（オーパック）

《Online Public Access Catalog 「オパック」ともいう》オンライン閲覧目録。図書館や資料館などが所蔵する資料の諸情報を電子化し、利用者がコンピューターで検索できるようにしたもの。近年は、インターネットで館外から利用可能なものが主流となっている。

オフィスアワー（office　hour）

学生の質問や相談に応じるために、先生が個人研究室を開放している時間のこと。

オリエンテーション

学生が、新しい環境に適応し、目的やルールを理解するために行われる説明や講習のこと。

カ行

ガイダンス
初めての事に対して、その場の状況にあった適切な行動を取らせるように案内すること。

学位（degree）
大学における教育の課程の修了に係る知識・能力の証明として、学術の中心として自律的に高度の教育研究を行う大学が授与するもの。大学を卒業すると「学士」の学位が授与され、他にも「修士」「博士」などの学位がある。

学位記授与式（卒業式）
学位課程教育を通じて卒業要件を満たす単位を取得した学生に、学位を授与する式典。一般的に卒業式と同義である。

学士
大学課程教育の修了に関わる知識・能力を習得し、その知識・能力の証明として、大学が授与する学位の一つ。

学生証
学生ひとり一人に配られる身分証明書のこと。IDカードとして、出欠管理や入室管理されるような使用法もあり、大学によってその機能は違う。

学費
大学で学ぶために必要な費用のこと。入学金や授業料のほか、教科書代などがある。

学割
学生割引の略。学生証があれば、鉄道運賃などが割引になるサービス。

学会
それぞれの学問分野で、学術研究の進展・情報共有などを目的として、研究者を中心に運営される団体。また、その集会。

科目等履修生
その大学には属さずに、特定の授業だけを履修する人のこと。試験を受けて合格すれば、単位も得られる。ただし、所属大学の単位にはならないことが多い。

キー・コンピテンシー
1999〜2002年にかけてOECDが「能力の定義と選択」プロジェクトの成果として、加盟国から国際的合意を得た新しい能力の概念。

キャリア
人が生涯の中で様々な役割を果たす過程で、自らの役割の価値や自分との関係を見いだしていく連なりや積み重ね。

キャリア教育
一人一人の社会的・職業的自立に向け、必要な基盤となる能力や態度を育てることを通して、キャリア発達を促す教育

キャリアコンサルタント
企業の人事・教育関連部門、大学キャリアセンター、公的就業支援機関、人材紹介・人材派遣会社など、幅広い分野で必要とされる国家資格の保有者。カウンセリングやセミナーなどを通して相談者の自己実現をサポートする専門家のこと。

キャリア・ガイダンス
学生が入学時から自ら職業観、勤労観を培い、社会人として必要な資質能力を形成していくことができるように教職課程内外にわたり、授業科目の選択等の履修指導、相談や助言を行い、これにより、学生が自ら向上することを大学の教育活動全体を通じて支援すること。

キャリア形成（キャリアデザイン）
仕事を通じて経験やスキルなどを蓄積して自己実現を図っていくプロセスのこと。

休学
病気や留学、その他やむを得ない理由により、許可を得て大学に在籍のまま、一定期間大学を休むこと。

休講
授業が休みになること。予定されている場合と、教員の都合で急に決まる場合がある。休講情報は、インターネットなど配信されることが多いので各自確認が必要。

共通教育科目
1年次生が入学後に身につけるべき全学部共通の必修対象である共通科目。基礎知識や思考力、コミュニケーション力を修得することを目的としてカリキュラム

に含まれ、外国語、情報分野、レポートの書き方、プレゼンテーション方法、大学生活で必要な教養などを学ぶ。いくら専門科目の単位を取得していようと、共通教育科目の単位がなければ卒業できない。

教職課程
各種教員免許を取得するために教職免許法に定められた科目を履修する過程のこと

教授
教育機関や研究機関における教育・研究面での職階の最高位。

クラブ・サークル
自由参加の課外活動。大学公認のものから他大学や社会人との合同のものまで、規模はさまざまある。

グループワーク
数人でグループを作り、議論や作業を通して目標達成していくこと。主体的な参加が求められる。

研究室
学内の先生の私室。学問分野ごとの研究チームを指すこともある。

健康診断
毎年、大学で行われる健診の事。学生は、決められた日程内で全員受診する必要がある。

コマ
授業の数え方の単位。

コンパ
親睦会のこと。

コンプライアンス (compliance)
法令遵守。企業・団体などが、法令や規則を守り、社会的な規範に従い公正・公平に業務をおこなうこと。

サ行

再履修
不可、または未評価になって単位が取得できなかった授業を、再度履修すること。

ジェンダー
生物学的な性とは違い、社会的、文化的身につけた、あるいはつくられた性差の概念。

自己分析
自分の個性や特徴、強みや弱みを理解し、自分をアピールするために自己理解を進める作業。

ＧＰＡ
Grade Point Averageの略称。GPA制度は、国内外の大学で用いられている成績評価の１つ。科目ごとの成績に、それぞれ定められたGP（Grade Point＝係数）を与えて、１単位当たりの平均値（Grade Point Average）を算出する成績評価方法。進級や卒業の評価基準となる。

シチズンシップ
平和で民主的な国家・社会の形成者として必要な公民的資質。（水山光春(2016)シティズンシップ教育とは何か）

実習
大学の授業型式の１つ。実際に体験して学ぶ授業形式のこと。

修士
大学院で得られる学位の一つ

社会人基礎力
2006年、経済産業省により、「多様な人々と仕事をしていくうえで必要な基礎的な力」として定義された概念のこと。「前に踏み出す力」、「考え抜く力」、「チームで働く力」の3つの能力（12の能力要素）から構成されている。

就職活動
主に大学生・大学院生が、卒業前年から卒業年にかけて、内定をもらうためにおこなう一連の求職活動のこと。略して「就活」ともいう。新卒一括採用は大学卒業見込みの学生（新卒者）を、卒業直後の4月から入社してもらうために、採用側が集中して選考・採用する制度。

集中講義
夏季、春季などの長期休暇に集中的に行われる、短期集中型の講義。期間が短い分、密度の高い時間割となる。つまり、授業時間数は通常授業と変わらないことが多い。

奨学金
経済的な理由で勉学が中断されることのないように、無利子または有利子で貸与されるお金のこと。大学独自のものや「日本学生支援機構」や「あしなが育英会」などの諸団体によるものがある。経済状況に関わらず、優秀な学生に対して支給される奨学金もある。

除籍
授業料未納などで、学籍を取り消されること。

シラバス
その年に開講されている授業の内容や計画が詳しく載っているもの。冊子やオンライン版など、形態は大学によって異なる。時間割を決める時に参照する。

成績証明書
大学の成績を証明する書類。大学院への進学や就職の際に必要となる場合がある。これ以外にも、大学が出す証明書として、在学証明書や卒業証明書などある。

成績表
これまでに履修した授業の成績や、単位修得状況をまとめたもの。

セメスター (Semester)
学校の1年間の課程を半年ごとの前期・後期に分けて行う制度のこと。

専門教育科目
入学した学部、学科、コースなどに沿って、専門的な知識・技能を身に付け、興味・関心をより深め研究していく科目

卒業研究
自ら選んだテーマに沿って調査・研究・開発・制作を行い、そのテーマに対する客観的な 事実から問題を探求し、自らの考え方や見解をまとめたもの。論理的思考法を習得し、大学４年間に習得した知識を用いた成果発表をする場でもある。卒業の要件であることが多い。

卒業論文

最終学年で作成する研究成果をまとめた文書のこと。学部や専攻によって異なるが、卒業論文の提出を卒業の条件とされる。略して卒論とも言う。

タ行

退学

在学中に大学をやめること。大学側から強制的にやめさせられる場合もある。

大学院

学部での研究を深めるために進学する機関。修士課程と博士課程がある。進学のためには試験があり、学部のときとは違う大学の大学院を受験することもできる。

単位

履修した科目で一定以上の成績を修めると、その証明として大学から与えられるもの。単位は数で表され、「1単位の授業」や「2単位の授業」などがある。多くの大学では、卒業の条件として128単位前後の取得が必要とされている。

単位互換制度

大学間の協定に基づいて、他大学の授業を履修して取得した単位が、自分の大学の単位として認定される制度。

追試

やむを得ない理由で試験を受けられなかった場合や不合格になって場合に、後日改めて受ける試験のこと

定期試験

大学の学期や学年ごとに実施される、学生の学業成績を評価するための試験のこと。学生がその期間に学んだ内容やスキルを確認するために用意され、得点が成績評価に影響する。

TOEIC

国際コミュニケーションのための、英語能力の検定試験。ビジネスに際した英語スキルをはかるのに用いられている基準。

TOEFL

英語を母国語としてない人を対象とした、英語能力の検定試験。もともとはアメリカとカナダの大学への留学の際に必要だったが、最近は英語能力の世界的な基

準となりつつある。

ナ行

内定
内定とは応募者と企業・団体の間で労働契約（内定承諾書の提出）が交わされ、応募者の採用が決定することを意味する。内定が成立するには、両方の合意が必要となる。

ハ行

博士
大学院後期課程、博士課程によって学位授与を認められたものが得られる最高学位。

ハラスメント
相手の意に反する行為によって相手を不愉快にさせたり、人間としての尊厳を傷つけたりする行為のこと。

PBL（ピービーエル）
Problem Based Leaning「問題解決学習」、Project Based Learning「課題探究学習」などと訳され、二つの学習法がある。

必修科目
所属学部・学科において決められている、必ず履修すべき科目。この科目の単位を取っておかないと卒業できない。

フィールドワーク
調査対象について学術研究をするにあたって、そのテーマに即した場所を実際に訪れ、その対象を直接観察する。時には、関係者に聞き取りやアンケート調査を行い、また現地での史料・資料収集を行うなど、客観的な成果を挙げるための調査方法を言う。

プレゼンテーション（presentation）
自分が伝えたい情報を、言葉や資料などを使って、他の人に説明すること。プレゼンと略される。ゼミ発表はプレゼンの１つ。

プロモーション（promotion）
製品、サービス、イベント、アーティスト、組織などについて、知名度を高め、

人々の関心を引きつけるための宣伝活動のことを指す。

文献
文献とは、知識の拠り所となる書物や記録、現代ではデジタル化されたもの（オープンソース）も対象となる。

補講
休講になった分を補うために、別の日に行われる授業。

マ行

マーケティング（marketing）
製品やサービス、ブランド、イベント、アイデアなどの価値を顧客に提供し、顧客のニーズや要望を理解し、それに対応するための活動や戦略の設計、実施、管理、分析を含む、広範なビジネス活動の一連のプロセスを指す。

モチベーション
動機を与えること、動機づけ、物事を行うにあたってのやる気や意欲を指す言葉

ヤ行

ヤングケアラー
18歳以下の若者が家族や親戚などの身体的、精神的な疾患や障害を持つ人々のケアを担当する人を指す。

ラ行

ラーニングコモンズ
総合的な自主学習のための場所。IT機器や学習スペースに加えて、従来からある書籍の閲覧だけでなく、グループ学習や討論会などさまざまな学習形態の活用に対応することができる空間、エリア。

ライフキャリア
仕事、家庭や趣味、地域との関わりなどで経験を積み重ねて、多様な生き方を含めた生き方全般を指す言葉。

履修登録
自分が受けたい授業を登録すること。登録しないと単位認定されない。

リベラルアーツ
専門分野の研究だけでは見えてこない視点を養うために、様々な学問から多角的な視点で世間を見られるようになる幅広い一般教養のこと。

留学
外国で、比較的長期間にわたって学問や芸術・技術などを学ぶこと。国際体験を積むことで学生個人の可能性を広げられるもの。

留年
必要な単位数を満たさなかったり、必修科目の単位を落としたりして進級や卒業ができず、現在の学年に留まること。

履歴書
学歴・職務経歴や人物像、志望動機などを記す書類。求人募集企業・団体へ応募する際に提出する「応募書類」として一般的に用いられる。

レジュメ
話す（報告する）内容を、聞く人にわかりやすく伝えるための補助的なプリント発表や講義、論文などの趣旨・要点をわかりやすくつたえるための補助的なプリント。教員が講義のために配布する要約した資料としても使われる。

レファレンスサービス
資料や情報を求めている人に対して、図書館職員や大学院生などが、適切な情報源の探索や提供の手助けをしてくれるサービスのこと。大学図書館には、レファレンスサービスコーナーなどが設置されている。

レポート
調査・研究の報告書。授業内容や調べたことをまとめたり、根拠に基づいて自分の主張を述べたりしたもの。

ワ行

ワークキャリア
「仕事」に関わる経歴・能力などのこと。

ワーク・ライフ・バランス
仕事と生活の調和のことであり、人が仕事上の責任を果たすとともに、家庭生活や地域社会などにおいても責任を果たすことをいう。ワーク・ライフ・バランスは、個々人の問題であるだけでなく、個人の仕事と生活のバランスが崩れること

によって社会の活量が低下することに陥らないよう、社会や国全体の問題として考える必要がある。

参考文献

文部科学省用語解説
　　　　https://www.mext.go.jp/component/b_menu/shingi/toushin/__icsFiles/
　　　　afieldfile/2013/05/13/1212958_002.pdf（2023年10月26日）
世界思想社編集部（編集）大学生 学びのハンドブック[5訂版]
デジタル大辞泉　https://kotobank.jp/word/OPAC-1702333（2023年10月26日）
オープンキャンパス・体験入学を探そう　https://opencampus-guide.jp/faq
　　　　（2023年10月26日）

【著者紹介】　　新居田　久美子　（にいだ　くみこ）

2016年　関西大学大学院心理学研究科社会心理学専攻　博士課程前期課程修
了　心理学修士

新卒でコンサル企業に入社、結婚・出産・育児を経て、広告・観光・部品
メーカー・人材開発企業など転職を経てキャリアを積むも、40代後半で一念
発起し、大学院の門を叩き心理学修士（関西大学）を取得。自らが七転び八
起きでリカレント教育を享受し、大学では異色の経歴を持つ。

現在は、神戸学院大学人文学部講師。専門は、キャリア教育・社会心理学
（モチベーション、集団心理、自己効力感、キャリア心理学）、産学連携、
インターンシップ、キャリア・ガイダンス、大学図書館ラーニングコモンズ
などの学習環境

国家資格　公認心理師、キャリアコンサルタント（カウンセラー）

著書
『ライフ・ソリューションをはじめよう　わたしを育てるキャリアデザイ
ン』2022年　編集館

産学連携における大学初年次キャリア教育
～地元企業交流を通した自尊感情の醸成～

発行日 2024年3月31日
著　者 新居田久美子©
装　丁 二宮　光©
発行人 中村　恵
発　行 神戸学院大学出版会

印刷所 モリモト印刷株式会社

発　売 株式会社エピック
　　　　651-0093　神戸市中央区二宮町1-3-2
　　　　電話 078 (241) 7561　FAX 078 (241) 1918
　　　　https://epic.jp　　E-mail: info@epic.jp